Schumacher

Montessori-Pädagogik verstehen, anwenden und erleben

Eine Einführung

Eva Schumacher

Montessori-Pädagogik verstehen, anwenden und erleben

Eine Einführung

2. Auflage

BELTZ

Dr. Eva Schumacher ist Professorin für Grundschulpädagogik an der Pädagogischen Hochschule Schwäbisch Gmünd und Montessori-Theoriedozentin. Relevante Arbeitsschwerpunkte sind: Reformpädagogik, Schulentwicklung, Montessori-Pädagogik und -Didaktik.

FSC www.fsc.org MIX Papier aus verantwortungsvollen Quellen FSC® C089473

Dieses Buch ist erhältlich als:
ISBN 978-3-407-25840-3 Print
ISBN 978-3-407-25857-1 E-Book (PDF)

2. aktualisierte und neu ausgestattete Auflage 2020

in der Verlagsgruppe Beltz · Weinheim Basel
Werderstraße 10, 69469 Weinheim

Lektorat: Heike Chan Hin
Layout/Reihenkonzept: glas ag, Seeheim-Jugenheim
Fotos Innenteil: Abb. 6, 7, 8, 25, 27 © Nienhuis Montessori;
alle weiteren Fotos © Michael und Karin Liehr
Umschlaggestaltung: Michael Matl
Umschlagabbildung: © Petek ARICI, getty images

Herstellung und Satz: Michael Matl
Druck und Bindung: Beltz Grafische Betriebe, Bad Langensalza
Printed in Germany

Weitere Informationen zu unseren Autoren und Titeln finden Sie unter: www.beltz.de

Inhalt

Vorwort

Wie viele pädagogische Einrichtungen in Deutschland tatsächlich nach dem Montessori-Konzept arbeiten, lässt sich aufgrund der bestehenden schulstrukturellen Differenzen in den einzelnen Bundesländern kaum konkret beziffern.

Folgt man den Angaben des Montessori-Dachverbandes Deutschland, so gibt es in Deutschland heute jedoch mehr als eintausend vorschulische und schulische Einrichtungen, an denen die Montessori-Pädagogik und -Didaktik auf vielfältige Weise praktisch umgesetzt wird (Montessori-Dachverband Deutschland 2015). Vor allem handelt es sich hierbei um Bildungseinrichtungen in privater Trägerschaft. Mittlerweile werden aber auch an den öffentlichen Kindergärten und Schulen zumeist klassenübergreifende oder inklusive Montessori-Gruppen bzw. -Züge eingerichtet, Tendenz steigend.

Bedenkt man überdies, dass die aktuellen Orientierungs- und Bildungspläne für den Vorschul-, Grundschul-, Sonderschul- und Sekundarstufenbereich offenkundig die eingängigen Prinzipien und Elemente des Montessori-Konzepts (ohne namentliche Erwähnung der Urheberin) beinhalten, lässt sich resümieren: Obwohl die Montessori-Pädagogik und -Didaktik entgegen häufigen Behauptungen heute keinesfalls »in aller Munde« ist, so ist sie im deutschen Bildungssystem mittlerweile zumindest auf formal-struktureller Ebene flächendeckend angekommen. Dies vermag im Hinblick auf die zunehmend heterogenen Lernvoraussetzungen und auf den im Zusammenhang der internationalen Leistungsvergleichsstudien stehenden Trend zum individualisierten Lernen kaum zu verwundern.

Doch wie ist es mit der praktischen Umsetzung der anspruchsvollen pädagogischen Prinzipien und dem Einsatz der klassischen Montessori-Materialien an unseren staatlichen und privaten Kindergärten und Schulen bestellt? Diesbezüglich weist der kritisch-reflexive Blick ein differenziertes Bild aus:

- Auf der einen Seite stehen die qualifizierten und erfahrenen Kolleginnen und Kollegen mit Montessori-Diplom. Diese arbeiten seit vielen Jahren kontinuierlich daran, ihr pädagogisches Bewusstsein zu schärfen, ihren klassischen Materialfundus zu erweitern und anhand weiterer konzeptgemäßer Zusatzmaterialien zu ergänzen. In diesen Kreisen gilt es als Selbstverständlichkeit, parallel dazu auch die Kinder und Eltern auf den »pädagogischen Kurs« der Montessori-Pädagogik einzustimmen. Diesen Kolleginnen und Kollegen fällt die Arbeit meistens deshalb leicht, weil sie sich an einem klar umrissenen pädagogischen Konzept orientieren und weil es ihnen über die Jahre gelungen ist, Vertrauen zu kultivieren und eine vielfältig anregende Lernumgebung für die ihnen anvertrauten Kinder zu schaffen. Im Unterrichtsalltag dieses erfahrenen Expertenkreises findet Freiarbeit an jedem Schulvormittag statt, wie im Praxisteil des vorliegenden Einführungswerkes dargelegt. Im Rahmen des hierfür verbindlich vorgesehenen Freiraums von zumeist

zwei Stunden entscheidet jedes (mit der Montessori-Arbeit bereits vertraute) Kind interessengeleitet und selbstständig, welches Fach oder welcher Inhalt es mit wem und wie lange bearbeitet. Den Kindern, die in ihrer Selbstständigkeitsentwicklung noch nicht so weit sind, begegnet die Erzieherin bzw. der Erzieher oder die Lehrkraft mit einer unterstützenden Haltung, die dem in der Montessori-Pädagogik konzeptuell zentral verankerten Leitsatz »Hilf mir, es selbst zu tun« entspricht.
- Auf der anderen Seite stehen – jüngere, aber auch ältere – pädagogische Fach- und Lehrkräfte, denen die *»Pädagogik vom Kinde aus«* auch ohne Zusatzqualifikation ein Herzensanliegen ist, weshalb sie sich zumeist autodidaktisch u. a. auch der Montessori-Pädagogik angenähert haben. Zur Gestaltung der entsprechenden Lernumgebung bedienen sich diese Kolleginnen und Kollegen vor allem der allgemeinen Freiarbeitsmaterialien. Sie beziehen aber auch ausgewählte Montessori-Materialien mit ein und können diese mehr oder weniger konzeptgerecht einführen und einsetzen.
- Darüber hinaus sind letztlich die bislang reformpädagogisch weniger erfahrenen, aber dennoch pflichtbewussten pädagogischen Fach- und Lehrkräfte zu nennen, die den in den Orientierungs- und Bildungsplänen vorgegebenen zeitgemäßen Anforderungen und Ansprüchen an individualisiertes und inklusives Lernen Rechnung tragen wollen. Die zu dieser Gruppe zählenden Kolleginnen und Kollegen sind bemüht, die Freiarbeit in ihren Unterricht zu integrieren, und folglich häufig auf der Suche nach hierfür geeigneten Impulsen.

Die vorliegende, in gut verständlicher Sprache geschriebene Einführung in die Montessori-Pädagogik und -Didaktik ist indes allen drei oben genannten Gruppen gewidmet. Darüber hinaus sind weitere Interessierte angesprochen, denen an der bildungspolitischen und/oder persönlichen Auseinandersetzung mit Erziehungsfragen gelegen ist:
- Lehramtsstudierende aller Schularten (erste und zweite Ausbildungsphase), sowie auch die Studierenden aus anderen pädagogischen und psychologischen Bereichen, welche sich im Rahmen ihrer Studien näher mit der Montessori-Pädagogik beschäftigen wollen.
- Den Teilnehmerinnen und Teilnehmern, die sich in einer der zahlreich angebotenen Montessori-Aus- und -Fortbildungen befinden, dürfte der kompakte Überblick im Lehrgangsverlauf und ggf. insbesondere bei den Vorbereitungen zur Abschlussprüfung dienlich sein.
- Last but not least sollten auch die Eltern von dieser Einführung profitieren, deren Kinder eine Montessori-Einrichtung besuchen bzw. die sich mit dem Gedanken tragen, ihren Kindern dieses zu ermöglichen. Denn letztlich trägt die kritische Auseinandersetzung mit den hier ausgeführten Grundlagen dazu bei, die standortspezifische Umsetzungspraxis der ins Auge gefassten Wunschschule näher unter die Lupe zu nehmen, diese abzuwägen und zu einer verantwortlichen Bildungswegentscheidung für ihre Kinder zu gelangen.

Und noch einige Anmerkungen zum Schluss:

Das vorliegende Einführungswerk bildet den Auftakt zu einer neuen Montessori-Praxisreihe. Theoretische Grundlagen, Reflexionsimpulse sowie praktische Anregungen und Hilfen zum Materialeinsatz sollen künftig zusammenwirken und sich kontinuierlich zu einem »Anregungspool« für alle an der Montessori-Pädagogik interessierten Fachkolleginnen und -kollegen entwickeln.

Damit und unter Bezugnahme auf die eingangs erwähnte heterogene Ausgangslage lässt sich die Zielsetzung dieses Vorhabens wie folgt auf den Punkt bringen: Es gilt, die Realisierung der Montessori-Arbeit dort fundiert zu unterstützen, wo sich interessierte Kolleginnen und Kollegen – allein oder gemeinsam – auf den Weg begeben haben oder begeben wollen, die Möglichkeiten und Chancen der Montessori-Pädagogik für ihre pädagogische Arbeit zu nutzen. Erfahrungsgemäß ist in diesem Zusammenhang davon auszugehen, dass der »Durst nach mehr« bei einigen Kolleginnen und Kollegen dazu führt, die eine oder andere Fortbildungsmöglichkeit zur Vertiefung zu besuchen oder sogar den Erwerb des Montessori-Diploms anzustreben.

Dies entspricht im Übrigen auch meiner eigenen langjährigen Erfahrung in der Arbeit mit Lehramtsstudierenden sowie mit den pädagogischen Fach- und Lehrkräften, die ich in zahlreichen Fortbildungen und Montessori-Kursen begleiten durfte. Damit bewahrheitet sich einmal mehr der Grundsatz »Gut Ding will Weile haben« – und zwar nicht nur im Zusammenhang der Erziehung und Bildung von Kindern, sondern auch im Kontext der professionellen und persönlichen Weiterentwicklung von Pädagoginnen und Pädagogen.

Die ursprüngliche Idee zu dieser Praxisreihe ist den Rückmeldungen und Anfragen einzelner Kolleginnen und Kollegen aus der einschlägigen Montessori-Praxis zu verdanken. Nach deren Angaben stellen die bereits existierenden – das Montessori-Material ergänzenden – praktischen Unterrichtshilfen bzw. Kopiervorlagen eine große Erleichterung im Unterrichtsalltag dar. Den noch größeren Vorteil sehen die Kolleginnen und Kollegen aber darin, dem individuellen kindlichen Bedürfnis nach vielfältiger Übung und Wiederholung anhand dieser Hilfen wirkungsvoll Rechnung tragen zu können.

Die weniger erfahrenen Kolleginnen und Kollegen äußerten wiederum den Wunsch nach geeigneten Einstiegshilfen, um sich näher mit der pädagogischen Gesinnung und den didaktischen Möglichkeiten der Montessori-Arbeit vertraut zu machen. Auch diese Anfragen und diesbezüglichen Anregungen haben dankenswerter Weise zur Realisierung der vorliegenden Einführung und Praxisreihe motiviert.

Zur praktischen Umsetzung haben viele Menschen beigetragen, diesen gilt mein herzlicher Dank:

Karl Grass (Theorie), Wolfgang Dautel (Sprache), Elvira Hartmann, Werner Meininger und Gabi Gerber (Mathematik), Christine Wengert und Thomas Helmle (Kosmische Erziehung) und Rosie Müller (Kinderhaus) haben die vorliegende Einführung durch ihre fachlich kompetenten Rückmeldungen bereichert.

Mein Bruder Michael Liehr und seine Frau Karin haben die meisten abgebildeten Fotos in diesem Buch professionell produziert, bearbeitet und zur Verfügung gestellt.[1] Dies wäre ohne die Bereitschaft und tatkräftige Mitwirkung von Werner Meininger und seinen Schülerinnen und Schülern an der Grundschule Zweiflingen nicht möglich gewesen. Für die farbigen Abbildungen hat die Heidehofstiftung Stuttgart dankenswerterweise einen Druckkostenzuschuss gewährt.

Frau Carina Ruber danke ich für die abschließende sorgsame Durchsicht, insbesondere für die aufwändige Prüfung der Quellenbezüge.

Mein lieber Mann Dieter hat mich bei der Arbeit an dieser Einführung in vielerlei Hinsicht vorbildlich unterstützt. Auch dafür bin ich ihm sehr dankbar.

Letztlich ist es der guten Zusammenarbeit mit dem Beltz-Verlag, insbesondere der kompetenten, stets freundlichen Unterstützung von Frau Heike Chan Hin (Lektorat Pädagogik) zu verdanken, dass den vielen Gedanken und Worten nun auch handfeste Taten in Druckform und als Downloads folgen können.

Sommer 2019 *Eva Schumacher*

1 Die Abbildungen 6, 7, 8, 25 und 27 wurden freundlicher Weise vom Nienhuis Montessori (http://shop.nienhuis.com/de/) zur Verfügung gestellt.

1. Einleitung

Zum Aufbau des Buches: Wie alle Menschen, so war auch Maria Montessori ein »Kind ihrer Zeit«. Das heißt, die Biografie dieser bemerkenswerten Frau und damit auch die Wurzeln ihres reformpädagogischen Denkens und Wirkens liegen in der zweiten Hälfte des 19. und der ersten Hälfte des 20. Jahrhunderts. Unter welchen förderlichen Bedingungen Maria Montessori von den gesellschaftlichen Entwicklungen ihrer Zeit profitieren konnte, erschließt sich beim Lesen des zweiten Kapitels »Historische und biografische Grundlagen«.

Darauf aufbauend entfaltet das Kapitel »Montessori-Pädagogik verstehen« zunächst die anthropologischen Grundannahmen Montessoris sowie ihr Menschen- und Weltbild. Mit Blick auf die daraus unmittelbar abgeleiteten pädagogischen Zielsetzungen und Folgerungen wird deutlich, wie nah Theorie und Praxis in der Montessori-Pädagogik beieinander liegen.

Dieser Befund spiegelt sich im vierten Kapitel »Montessori-Pädagogik anwenden und erleben« nochmals anschaulich wider, zumal die grundlegenden theoretischen Ausführungen im Zusammenhang der Vorstellung und bildgestützten Darstellung der exemplarisch ausgewählten Materialien und Erfahrungsberichte den »roten Faden« des Montessori-Konzepts erkennen lassen. Ein kurzer Überblick zur institutionellen Verankerung und didaktischen Reichweite der Montessori-Pädagogik unter besonderer Berücksichtigung des Inklusionskontexts rundet diesen Praxisteil ab.

Die letzten Kapitel thematisieren die Montessori-Pädagogik sowohl im Spiegel der aktuellen Entwicklungs- und Lernpsychologie als auch aus der Perspektive der empirischen Forschung und Schulreform. Diese sowie die unter »Kritische Reflexion« ausgeführten Pro- und Kontra-Argumente und das abschließende Fazit regen zur kritischen Hinterfragung des Montessori-Konzepts und zur persönlichen Auseinandersetzung und Meinungsfindung an.

Die für dieses Buch ausgewählten und durchgängig vermerkten Originalzitate, Abbildungen und Tabellen tragen dem titelgemäßen Anspruch Rechnung, anschaulich und verständlich in das Montessori-Konzept einzuführen.

Die weitergehenden Informationen im Anhang (Literaturempfehlungen und nützliche Adressen, Sinnes- und Dimensionsmaterialien sowie Übungen des täglichen Lebens, Sprach- und Mathematik-Materialien auf einen Blick, Gesamtüberblick »Kosmischen Erziehung«) runden die vorliegende Einführung ab.

2. Historische und biografische Grundlagen

2.1 Industrialisierung, Kultur- und Bildungskritik, reformpädagogische Strömungen

Zeitliche Einordnung

Das Montessori-Konzept zu verstehen setzt nicht nur voraus, sich mit dem biografischen Werdegang der Urheberin vertraut zu machen. Auch das Kennen der historischen Vorzeichen sowie der Ausgangslage und Impulse, die Maria Montessori (1870–1952) zu ihren spezifischen Denkweisen und Zielsetzungen inspiriert haben, trägt dazu bei, eine anschauliche Vorstellung davon zu entwickeln, auf welchen grundlegenden Überlegungen die Montessori-Pädagogik basiert. Letztlich ist es den internationalen (gesellschafts-)politischen Schieflagen ab Mitte des neunzehnten Jahrhunderts, der damit einher gehenden Kritik an der alten Schule und der sich hieraus entwickelten reformorientierten Bewegung (Reformpädagogik) zu verdanken, dass sich die Montessori-Pädagogik überhaupt entfalten und entwickeln konnte.

Die *Reformpädagogik* markiert eine zentrale Epoche der neuzeitlichen Pädagogik, deren systemkritisches Selbstverständnis in Ellen Keys (1849–1926) einschlägiger Veröffentlichung »Das Jahrhundert des Kindes« (Key 1900) zutreffend beschrieben wird. Diese pädagogisch enthusiastische Wendezeit wurde in der Geschichtsschreibung lange auf den Zeitraum zwischen 1890 und 1933 begrenzt (Klemm 2003, S. 219; Reble 1995, S. 283f.). Die neuere historische Forschung geht hingegen davon aus, dass es Reformpädagogik schon immer gegeben hat – und immer geben wird (Link 2012, S. 75f.).

Entsprechend gelten diese rund vierzig Jahre im Übergang vom neunzehnten in das zwanzigste Jahrhundert heute als zeitlich begrenzte *pädagogische Sternstunde* oder »*Hochzeit*« reformpädagogischen Denkens. Dies scheint plausibel, denn schließlich werden Kinder seit Menschengedenken erzogen, und von jeher passen sich das vermeintlich »richtige« Erziehungsverständnis und die daraus abgeleiteten Erziehungsmethoden den sich stetig verändernden Sichtweisen und Notwendigkeiten des gesellschaftlichen Mainstreams an.[2]

---

2 Zum Beispiel galten Kinder im Mittelalter noch als kleine Erwachsene. Dass Kindern eine eigene, besonders zu beachtende Lebensphase zugesprochen wird, ist Jean-Jaques Rousseau und seinem Hauptwerk, dem Erziehungsroman »Emile« aus dem Jahr 1762 zu verdanken. Die sogenannte auf Gewalt und Einschüchterung basierende »schwarze Pädagogik« wurde in der westlichen Welt von den Vertretern der Reformpädagogik um 1900 entmachtet und durch die »antiautoritäre Erziehung« im Kontext der Emanzipationsbewegung ab den 1960er Jahren breitenwirksam abgelöst.

Hinzu kommt, dass unter den frühen pädagogischen Klassikern Denker zu finden sind, die sich bereits Jahrhunderte vor der reformpädagogischen Wende im ausgehenden neunzehnten Jahrhundert für eine am Kind orientierte Pädagogik eingesetzt haben. In diesem Zusammenhang sind insbesondere Johann Amos Comenius (1592–1670), Jean-Jaques Rousseau (1712–1778) und Johann Heinrich Pestalozzi (1746–1827) zu nennen, deren Schriften nachweislich in die Entwicklungen der reformpädagogischen »Hochzeit« zu Beginn des 20. Jahrhunderts eingegangen sind, und die bis heute fortwirken:

> *»So wie es eine Reformpädagogik vor der Reformpädagogik gab, die mit den Gestalten von Comenius, Rousseau und Pestalozzi nur angedeutet ist, so gibt es eine Reformpädagogik nach der Reformpädagogik, denn die Bildungsreform ist etwas Fortlaufendes, das auf Zukunft und damit auf eine pädagogische Vollendung des Seienden ausgerichtet bleibt. All jene, die die Reformpädagogik als historisch festlegen und aus dem Entwicklungsgang ausgrenzen wollen, seien auf die Schulen der Reformpädagogik verwiesen, die gegenwärtig existieren und sich fortentwickelnd ihre pädagogische Lebenskraft erwiesen haben« (Röhrs 1998, S. 241).*

Industrialisierung, Kulturkritik, Bildungskritik

Dass sich ausgerechnet gegen Ende des 19. Jahrhunderts auf internationaler Ebene ein ungeahnt intensiver pädagogischer Enthusiasmus und Eifer ausbreiten und etablieren konnte, ist aufs Engste mit dem *industriellen Zeitalter* verknüpft:

Nachdem die technischen Neuerungen des achtzehnten Jahrhunderts, wie Dampfmaschine und -lokomotive, Spinnmaschine oder Webstuhl, einige Jahrzehnte lang auf ein besseres Leben hoffen ließen, kam es gegen Mitte des neunzehnten Jahrhunderts zu einer unübersehbaren und – wie sich zeigen sollte – unumkehrbaren Kehrtwende. Weltweit eskalierende politische und wirtschaftliche Erschütterungen führten zu Armut, forderten soziale Unruhen heraus und ließen das Vertrauen in die neue Technik schwinden. Unter diesen Gegebenheiten schien die von den neuen Maschinen anfänglich erhoffte Erleichterung der Arbeitsprozesse ebenso unrealistisch wie eine Verbesserung der Lebensbedingungen im Ganzen.

Anders als erhofft, brachten die mit dem steilen Aufstieg der Großwirtschaft einhergehenden Veränderungen vielmehr mit sich, dass den Menschen die Nähe zu ihrem eigenen Dasein und zur Natur verloren ging. Entsprechend kalt, distanziert und intransparent gestaltete sich in der damaligen Zeit auch das Arbeitsleben. Anders als noch bei der Arbeit in der Landwirtschaft führte die monotone und nur bruchstückhafte Arbeit am Fließband dazu, dass die Menschen das von ihnen erbrachte Tageswerk und folglich auch das durch ihre Mitwirkung entstandene Endprodukt nicht mehr wahrzunehmen und zu würdigen vermochten.

Infolge dieser wenig menschenfreundlichen Entwicklungen wandelten sich der mit der Technisierung verbundene Fortschrittsglaube ebenso wie die Wohlstandsträume der Menschen zunehmend in diffuse Ängste und Unsicherheiten:

> *»Man ist nun deprimiert von jenem Fortschrittsglauben und dem bürgerlichen Sicherheitsgefühl der absinkenden Zeit, von den Mietskasernen und der Asphaltkultur der Großstadt, von dem Qualm und Lärm der Fabriken, dem Gekünstelten und Unechten in den Beziehungen der Menschen untereinander, von der Veräußerlichung und Zerspaltung des Menschseins und erst recht von dem satten Spießertum und bornierten Philistertum, das sich im Glanze dieser Erfolge sonnt und den tönernen Koloß selbstgefällig als Kulturwerk rühmt« (Reble 1995, S. 277).*

In seinem nach dem ersten Weltkrieg erschienenen Hauptwerk »Der Untergang des Abendlandes« bestätigte Oskar Spengler diese Unsicherheiten auf anschauliche Weise. Titelgemäß brachte er die drohenden Gefahren seiner Zeit auf eindrückliche Weise mit der Botschaft auf den Punkt, dass das gesteigerte äußere Leben zu einer Verkümmerung des inneren menschlichen Daseins führen könne (Reble 1995, S. 276). Hiervon waren nahezu alle gesellschaftlichen Subsysteme sowie Lebens- und Wissenschaftsbereiche betroffen und zur Kritik aufgefordert.

Dass die Bereitschaft zur Kritik und die Sehnsucht nach einer neuen Sinn- und Innerlichkeit gegen Ende des neunzehnten Jahrhunderts außerordentlich groß waren, belegen die aus dieser Zeit vorliegenden Dokumente sowie literarische und wissenschaftliche Schriften aufs Deutlichste. Erwartungsgemäß kamen die ersten (selbst-)kritischen, einen Kurswechsel anmahnenden Stimmen aus der Philosophie bzw. den Geisteswissenschaften.[3] Doch bald vollzog sich auch in den Naturwissenschaften ein unübersehbarer Wandel. War das naturwissenschaftliche Selbstverständnis zuvor über Jahrhunderte durch das Bewusstsein geprägt, die natürlichen Phänomene dieser Welt exakt messen und erklären zu können, begann man in der zweiten Hälfte des neunzehnten Jahrhunderts damit, die eigenen Grenzen zu erkennen und sich auch gegenüber metaphysischen Erklärungsansätzen zu öffnen.[4]

---

3 Als weit vorausschauender Kritiker aus Philosophenkreisen gilt Friedrich Nietzsche (1844–1900), der sich u. a. unter Rückbezug auf Arthur Schopenhauer (1788–1860) als einer der Ersten auf entsprechende Weise zu den allgemeinen und insbesondere bildungspolitischen Missständen und Bedrohungen seiner Zeit äußerte.

4 In diesen naturwissenschaftlichen Kontext fallen z. B. in der Physik die von Albert Einstein (1879–1955) entwickelte »Relativitätstheorie« oder die Unschärfe- bzw. Unbestimmtheitsrelation von Werner Karl Heisenberg (1901–1976). Auch aus der Psychologie der damaligen Zeit spiegelt sich ein großes Interesse und Offenheit gegenüber dem faktisch nicht Erforschbaren wider. In diesem Zusammenhang steht bspw. die von Alfred Adler (1870–1937) begründete Individualpsychologie oder die von Siegmund Freud (1856–1939) entdeckte »Macht des Unbewussten«, die er anhand der von ihm entwickelten und erstmals praktizierten »Psychoanalyse« zu erhellen versuchte.

Von dieser in nahezu allen Lebensbereichen aufkommenden *Kulturkritik* war auch das Bildungssystem in hohem Maß betroffen. Das gesamte Erziehungs- und Bildungswesen wurde an den Pranger gestellt und als unzeitgemäß empfunden. Insbesondere die inhaltliche Stofffülle, aber auch die Prinzipien des Drillens und Paukens, nach denen in den Schulen und Hochschulen unterrichtet wurde, galten als überholt und folglich erneuerungsbedürftig. Diese aufgewühlten, unsicheren Zeiten, in denen das Abendland unvermeidlich unterzugehen drohte, stärkten und mobilisierten aber auch den Überlebenswillen der Menschen.

Bald wurden die Missstände als Herausforderung begriffen, und schließlich keimte die Überzeugung auf, dass ein besseres Leben, in dem Frieden, Wohlergehen und Fortschritt walten sollten, bei der nachwachsenden Generation beginnen müsse. Letztlich war es diese Vorstellung vom neuen Menschen in einer besseren Welt, die vor allem bei der Jugend ein neues Lebensgefühl hervorrief und die der Pädagogik einen ungeahnt großen Aufschwung bescherte.

In dieser *Aufbruchsstimmung* begründeten die klassischen Vertreter der Reformpädagogik eine internationale Bewegung, die in dem 1921 besiegelten Bündnis »New Education Fellowship« ihren Ausdruck fand. Neben Maria Montessori setzten sich in diesem Rahmen weitere renommierte Zeitgenossen und Mitstreiter, wie zum Beispiel Martin Buber (1878–1965), Ovide Decroly (1871–1932), John Dewey (1859–1952), Helen Parkhurst (1887–1973), Jean Piaget (1896–1980) oder Paul Geheeb (1870–1961), für die Rechte der Kinder und die Verbreitung des neuen, reformpädagogischen Gedankenguts ein.

Damit befand sich Maria Montessori in bester Gesellschaft, zumal die international ausgerichteten Kongresse und zahlreiche Publikationen ihr hinreichende Austauschmöglichkeiten und Anregungen für ihre weitere Arbeit boten.

Reformpädagogische Strömungen

Rückblickend und zusammenfassend betrachtet vollzog sich die »Hochzeit« der Reformpädagogik (ca. 1890–1933) innerhalb der folgenden vier, sich zeitlich überlappenden Strömungen:

Den großen Auftakt markierte die eng mit dem Namen des Reformpädagogen Gustav Adolf Wyneken (1875–1964) verknüpfte *Jugendbewegung*, die der verdinglichten, bedrohlichen Welt der Industrialisierung (s. o.) eine neue »urwüchsige, eigenwillige Kraftentfaltung und lebendige Ganzheit« entgegensetzte (Reble 1995, S. 277). Von welch starkem Lebensgefühl die Jugend der damaligen Zeit beherrscht war, bringt der zentrale, romantisch geprägte Aufruf »zurück zur Natur« treffend zum Ausdruck: Viele junge Menschen rebellierten gegen die gescheiterten Konventionen und Reglementierungen der Erwachsenen, besannen sich auf das Kulturgut der »guten alten Zeit« und strebten mit aller Kraft nach Selbstbestimmung sowie nach einer individuellen Lebensgestaltung im Einklang mit der Natur. Von Vertretern aus dem bürgerlichen und proletarischen Lager regional, überregional und deutschlandweit gegründete Jugendbünde rebellierten und setzten sich gegen die Versklavung durch Technik und für die Realisierung ihrer hochgesteckten Ziele hinsichtlich eines selbstbestimmten Lebens ein. Auch wenn es – trotz des großen bundesweiten Treffens aller Bünde im Jahr 1913 auf dem Hohen Meißner bei Kassel – nie zu einer gemeinsamen Organisation dieser Bünde kam, erzielten einige der damaligen Errungenschaften, u. a. aus dem bedeutsamen Kreis der »Wandervögel« eine große Breitenwirkung. Die Nachhaltigkeit derselben wirkt zum Teil bis heute fort, wie beispielsweise im Pfadfinderwesen, in der Präsenz der öffentlichen Volkshochschulen, in der Schrebergartenkultur oder im Jugendstrafrecht.

Nahezu zeitgleich mit der Jugendbewegung entwickelte sich in Künstlerkreisen eine weitere Strömung, die der Rückbesinnung auf das individuelle menschliche Dasein zuträglich war. Im Kern zielte diese, als *Kunsterziehungsbewegung* bezeichnete Strömung darauf ab, die Kunst für eine sittliche Erneuerung des menschlichen Lebens nutzbar zu machen. Einhellig stimmten die Vertreter dieser Bewegung überein, dass die Ausbildung und Kultivierung der »schöpferischen Kräfte« des Menschen in zweifacher Hinsicht einer besonderen Förderung bedürfen: Zum einen wurden der Kunstbetrachtung sowie der Fähigkeit, fremdproduzierte Kunstwerke bewerten und sich daran erfreuen zu können, ein persönlichkeitsbildender Charakter zugestanden, den es zu kultivieren galt. Zum anderen lag das Bestreben aber vor allem auch darin, die Bildungswirksamkeit des eigenen kreativ-künstlerischen Schaffens aufzuwerten. Diese Überlegungen und Bemühungen bezogen sich jedoch keinesfalls allein auf die klassische Mal- und Zeichenkunst oder die Bildhauerei. Vielmehr sollten auch die Bewegung bzw. der Tanz und das Schreiben durch eine gezielte Schulung des freien Ausdrucks eine Aufwertung erfahren. Diesbezüglich haben die zu Beginn des zwanzigsten Jahrhunderts in Dresden, Weimar und Hamburg veranstalteten Lehrerfortbildungen (Kunsterziehungstage), insbesondere die Vorträge der Hauptreferenten Alfred Lichtwark (1852–1914) und Konrad Lange (1855–1921), nachhaltige Zeichen gesetzt. Die Relikte aus dieser Zeit finden sich in den aktuellen Bildungsplänen für das öffentliche Schulwesen wieder, wie zum Beispiel das freie Malen und Zeichnen (anstelle ausschließlich naturgetreu nachzubildender Aufgabenstellungen), das kreative Aufsatzschreiben (anstelle der ausschließlichen Reproduktion vorgegebener Sachverhalte) oder auch der freie Ausdruckstanz (anstelle des Nachtanzens vorgeplanter Bewegungsabfolgen).

Auch die Vertreter der *Landerziehungsheimbewegung* hatten zum Ziel, die institutionellen inhaltlichen und pädagogisch-didaktischen Rahmenbedingungen der tradierten Schule neu zu strukturieren. Zwecks Realisierung dieser Zielsetzung wurden im naturnahen Raum, d. h. außerhalb der Städte, modellhafte Schulstandorte eingerichtet, in denen nicht nur das gemeinsame Lernen, sondern auch das gemeinsame Leben praktiziert und eingeübt wurde. Diese Bildungsstätten sollten der Bildung, vor allem aber auch der demokratischen Erziehung junger Menschen zuträglich sein. Die international wohl bekannteste Einrichtung aus Zeiten der Landerziehungsheimbewegung geht auf den Namen Alexander S. Neill (1883–1973) zurück. Die von ihm im Jahr 1921 gegründete Internatsschule »Summerhill« ebnete der »antiautoritären Erziehung« den Weg und prägte damit die europaweite Bildungsdiskussion und -entwicklung der nächsten Jahrzehnte maßgeblich mit. In Deutschland erzielten die von Paul Geheeb gegründete Odenwaldschule sowie die auf Kurt Hahn (1886–1974) zurück gehenden Internatsschulen Schloss Salem am Bodensee und Birklehof bei Freiburg internationale Anerkennung, ernteten in jüngerer Vergangenheit zurecht aber auch Misstrauen und Kritik.[5] Unabhängig und unbeschadet hiervon sind heute aber auch an den Regelschulen einige der im Rahmen der Landerziehungsheimbewegung entwickelten und erprobten pädagogisch-didaktischen Neuerungen zur Selbstverständlichkeit geworden, wie zum Beispiel Schülervertretung und Klassenrat sowie Aufenthalte an außerschulischen Lernorten.

Einer weiteren und anders ausgerichteten Schwerpunktsetzung hatte sich die *Arbeitsschulbewegung* verschrieben. Diese strebte eine lebenspraktische Ausbildung an, in welcher Hand- und Kopfarbeit bzw. Schule und Beruf besser miteinander verzahnt werden sollten. Eine Schule in diesem Sinne, so waren sich deren Verfechter einig, würde die Selbsttätigkeit und Eigenverantwortung der Schülerinnen und Schüler fördern und zu deren Persönlichkeits- und Kompetenzentwicklung beitragen. Die Arbeitsschulidee spiegelt im Rückblick zwei Traditionen wider: Das von dem Amerikaner John Dewey demokratisch orientierte Lernen in Projekten sowie die Produktionsschule des russischen Begründers Pawel P. Blonskij (1884–1941). Wie zuvor in der Landerziehungsheimbewegung, so setzten auch diese Leitziele Impulse, die bis in den heutigen Unterricht hineinwirken. So ist zum Beispiel die Projektarbeit verbindlich in den Lehrplänen verankert, denn diese ermöglicht den Kindern und Jugendlichen ein selbsttätiges, erfahrungsorientiertes und selbstgesteuertes Lernen. Die Idee der Produktionsschule kommt zum Beispiel zum Tragen, wenn eine Grundschulklasse auf der nahen Streuobstwiese die Äpfel erntet, um Apfelsaft herzustellen und auf dem Schulfest zu verkaufen, um die Klassenkasse aufzubessern.

Auch wenn die oben skizzierten reformpädagogischen Strömungen von jeweils unterschiedlichen Schwerpunktsetzungen geprägt waren, so lässt sich doch eine große Gemeinsamkeit erkennen: All diejenigen, die diese Bewegung stützten, verband die tiefe Gewissheit, dass eine würdevolle Erziehung, die an den kindlichen Möglichkeiten ansetzt, zur Verbesserung der gesellschaftlichen Verhältnisse beitragen kann. Letztlich war es das aus dieser Überzeugung sprechende *positive Welt- und Menschenbild*, das den zentralen Fluchtpunkt der reformpädagogischen Bewegung von 1890 bis 1933 und damit auch das in den folgenden Kapiteln dargelegte Leben und Lebenswerk von Maria Montessori prägte.

---

5 Auch wenn die bedauernswerten Missbrauchsfälle an dieser Stelle nicht näher ausgeführt werden können, dürfen und sollen sie in diesem Zusammenhang nicht ausgeblendet bleiben.

2.2 Maria Montessori – eine besondere Frau, ein außergewöhnliches Leben und Lebenswerk

Biografische Eckdaten, Persönlichkeit und Wirken

Maria Montessori ist eine der sehr wenigen Frauen, die nachhaltig in die Geschichte der Pädagogik eingegangen sind. Unter den reformpädagogischen Klassikern nimmt sie überdies die Sonderstellung ein, ein umfassendes, theoretisch fundiertes und praxistaugliches Erziehungskonzept entwickelt zu haben, welches – wie die weiteren Ausführungen zeigen werden – bis heute nicht an Aktualität eingebüßt hat.

Montessori wurde 82 Jahre alt (1870–1952), womit ihr für die damalige Zeit ein langes Leben vergönnt war – ein Leben, das durch Willensstärke, unermüdliche Schaffenskraft, Erfolg und Weitblick, aber auch durch Umbrüche, Widersprüchlichkeiten und manche Auseinandersetzungen gekennzeichnet war. Maria Montessori selbst hat keine Autobiografie verfasst. Insofern basieren die wenigen posthum veröffentlichten Biografien auf den vielfältigen und teilweise polarisierenden Berichterstattungen der Menschen, die der namhaften Pädagogin im privaten oder beruflichen Bereich mehr oder weniger wohlwollend verbunden und bereit waren, ihre Beobachtungen, Erfahrungen und Einschätzungen kund zu tun.

Dieser Hintergrund gebietet, den nachgezeichneten Lebenslinien Montessoris mit Zurückhaltung zu begegnen, vor allem dann, wenn – was bei »schillernden Persönlichkeiten« häufig vorkommt – wertende Aussagen im Spiel sind. Die im Folgenden auf das Wesentliche beschränkten biografischen Fakten und Ausführungen basieren auf den von Heiland (1991), Hebenstreit (1996) und Standing (1970) veröffentlichten Werken, sowie insbesondere auf den umfassenden Recherchen, die Rita Kramer durchgeführt und zu einer ausführlichen, in der Fachwelt anerkannten Biografie zusammengeführt hat (Kramer 1997).

Herkunftsfamilie, Kindheit und schulischer Bildungsweg

Maria Montessori erblickte am 31. August 1870 nahe Ancona in Italien das Licht der Welt. In diesem Jahr vollzog sich in Italien eine große politische Wende. Während die politischen Geschicke über Jahrhunderte hinweg in Kirchenhand lagen, nahm der »neue«, unabhängige vereinte Nationalstaat Italien in Montessoris Geburtsjahr seinen Anfang.[6] Diese Zeit war in hohem Maß durch das widerstreitende Verhältnis zwischen

---

6 Die zuvor als Einzelstaaten existierenden Regionen Piemont, Toscana, Parma, Romagna, Umbrien, Marken, Sizilien und andere Teilstaaten schlossen sich im Jahr 1870 zu einer unabhängigen italienischen Nation, dem »neuen Italien«, zusammen.

Kirche und Staat geprägt. Mit dieser Umorientierung gingen große politische, wirtschaftliche und soziale Unruhen einher. Auf der anderen Seite war allerorts aber auch eine enthusiastische Atmosphäre des Neubeginns spürbar:

> *»In der Hafenstadt Ancona holten die Frauen immer noch das Wasser in Krügen von der alten Quelle auf dem Hügel, von dem man auf die Adria sieht. Unterhalb lag die moderne Stadt, laut und überfüllt, mit ihren Werften und Lagerschuppen und ihren weit ausgebreiteten Mietshäusern. Hier sah man die zwei Welten Italiens, die alte und die neue« (Kramer 1997, S. 24).*

Maria Montessori gehörte *beiden Welten* an, und die alltagsgegenwärtige Präsenz dieser inspirierenden Ausgangslage bildete den geeigneten Nährboden dafür, den Wissensdurst und das Begabungspotenzial der kleinen Maria von Kindesbeinen an wirkungsvoll und nachhaltig zu entfalten:

> *»[...] durch die Vergangenheit erzogen, stellte sie sich selbst die Aufgabe, zur Gestaltung der Zukunft beizutragen« (Kramer 1997, S. 24).*

Förderlich in diesem Zusammenhang erwies sich zudem das weltoffene, bildungsorientierte Elternhaus, in welchem die alten, religiös geprägten Werte ebenso gegenwärtig waren, wie die moderne, am Fortschritt orientierte Welt.

Marias Vater Alessandro Montessori (1832–1915) wird als eher altmodisch konservativer Denker aus einfacher Familie beschrieben, dem aus seiner Soldatenzeit etwas Militantes anhaftete. Als Angehöriger seiner Generation begrüßte er einerseits die Schaffung des neuen Italiens, andererseits aber sorgten ihn auch die damit verbundenen Veränderungen. Dennoch verhalf ihm der politisch-wirtschaftliche Aufschwung zum Einstieg in das Beamtentum, dem mehrere Beförderungen und Umzüge bis hinauf in das Finanzministerium in Rom folgten. Als erfolgreicher Staatsbeamter strebte er für sich und seine Familie nach geordneten Verhältnissen, Achtbarkeit und gesellschaftlichem Ansehen, und er fühlte sich, gemäß den standesgemäßen Gepflogenheiten seiner Zeit, vor allem für die Vorsorge und das finanzielle Wohlergehen seiner Familie zuständig.

Marias Mutter Renilde Montessori geborene Stoppani (1840–1912) brachte den Gegenpol in die Familie ein. Aus einer Gutsbesitzerfamilie stammend verfügte sie über eine bemerkenswert hohe Bildung, was für die Frauen der damaligen Zeit noch keinesfalls selbstverständlich war. Auch ihr Onkel Antonio Stoppani, ein angesehener Naturforscher und zugleich auch gläubiger, weltoffener Priester, gehörte zum engeren Familienumfeld. Insbesondere dessen sozialliberales Denken war es, das Renilde sensibilisierte und prägte, und das ihr die soziale und religiös-weltoffene Einstellung vermittelte, die sie später mit großer Hingabe an ihre Tochter Maria weiter gab. Renilde Montessori war eine Frau, die trotz ihres außerordentlich ausgeprägten liberalen Denkens zutiefst an die Existenz und Allmächtigkeit Gottes glaubte. Teil ihrer antiklerikalen und zugleich religiösen Gesinnung war die Überzeugung, dass eine gelingende Kindererziehung eine strenge Zucht erfordere. Konsequenterweise war sie stets darauf bedacht, ihre kleine Maria vor Verwöhnung oder gar Verhätschelung zu bewahren:

> *»Einmal, als die Familie von einem Ferienmonat in einen Haushalt zurückkehrte, der erst wieder in Ordnung gebracht werden mußte, klagte die kleine Maria, sie habe Hunger, und verlangte etwas zu essen. Renilde sagte, sie müsse eine Weile warten, aber Maria bestand darauf, sie müsse sofort etwas zu essen haben. Renilde fand ein vier Wochen altes Stück Brot im Schrank und sagte: ›Wenn du nicht warten kannst, nimm dies‹« (Kramer 1997, S. 28).*

Weiterhin wird davon berichtet, dass Maria Montessori schon als Kind ein tägliches Strickpensum für die Armen absolvieren, ein armes, buckliges Mädchen aus der Stadt spazieren führen und bei der Sauberhaltung des Haushalts helfen musste (vgl. Kramer 1997, S. 29ff.). Dass die in der Erziehung erfahrene Strenge und Konsequenz nicht nur Einfluss auf die Entwicklung des Pflichtbewusstseins, sondern auch auf das soziale Bewusstsein Maria Montessoris nahm, zeigt die folgende Kindheitserinnerung, in der sie in einem Elternstreit die Rolle der Friedensstifterin einnahm:

> *»Sie hörte sie streiten, zog sich einen Stuhl zu der Stelle, wo sie standen, kletterte hinauf, nahm die Hände beider und legte sie mit ihren Händen zusammen, und soll so die Familie versöhnt haben« (Kramer 1997, S. 29).*

Bis zu ihrem dritten Lebensjahr lebte die Familie Montessori bei Ancona, danach, aufgrund einer beruflichen Versetzung des Vaters, für zwei Jahre in Florenz. Im Jahr 1875 stand der letzte Umzug nach Rom an. Dort, in der italienischen Hauptstadt, sollte die damals fünfjährige Maria ihre ganze Schulzeit und auch die anschließenden Studien- und ersten Arbeitsjahre verbringen.

In den ersten zwei Grundschuljahren galt Maria Montessori als »normales«, unauffälliges Kind, dem in den Zeugnissen lediglich eine besondere Begabung in gutem Betragen und in weiblichen Arbeiten (Handarbeiten) bescheinigt wurde. Erst im Laufe der dritten Klasse und in den Jahren danach kamen die besondere mathematisch-naturwissenschaftliche Begabung und der schulische Ehrgeiz zum Vorschein, welche Maria Montessori zu einer ausgenommen strebsamen Schülerin und Studentin werden ließen:

> *»Als sie eine Klassenkameradin weinen sah, weil sie nicht versetzt worden war, konnte Maria deren Gefühle nicht verstehen. Sie sagte zu der anderen, ihr sei ein Klassenzimmer so lieb wie das andere. Eine Zeitlang wollte sie, wie viele kleine Mädchen, Schauspielerin werden. Nie dachte sie an eine akademische Laufbahn. Aber als sie merkte, daß sie leicht lernte und ihre Prüfungen gut bestand, kam sie zu dem Schluss, es wäre Unsinn, es nicht zu tun. Sie begann darauf mit solcher Zielstrebigkeit zu lernen, dass sie einmal, als sie mit ins Theater gehen durfte, ihr Mathematikbuch mitnahm und während der Vorstellung im Halbdunkel weiter studierte« (Kramer 1997, S. 32).*

Im geselligen Zusammensein mit anderen Kindern zeichnete sich Maria Montessoris Persönlichkeit hingegen schon früh durch einen gewissen Eigensinn und Ehrgeiz aus. Gegenüber ihren Spielkameraden konnte sie laut Berichten manchmal sogar verächtlich sein oder ihre Anliegen auf willensstarke, vorlaute und Ablehnung erntende Art zum Ausdruck bringen. Hierin machte die kleine Maria auch vor Erwachsenen nicht Halt. So wird zum Beispiel darüber berichtet, dass eine ihrer Lehrerinnen eines Tages im Sprachunterricht ungehalten verlauten ließ, dass sie etwas gegen den Ausdruck »in diesen Augen« habe. Maria Montessori reagierte darauf, indem sie in der Gegenwart dieser Lehrerin nie wieder den Blick erhob.

Vielleicht ist das unverblümte Ausleben dieses Eigensinns auf das große Urvertrauen zurückzuführen, das offenbar ebenfalls schon ab Kindesbeinen an zu Maria Montessoris Persönlichkeitsmerkmalen gehörte. Dazu eine von Anna Maccheroni, einer engen, lebenslangen Freundin von Montessori überlieferte Anekdote: Als die zehnjährige Maria eines Tages schwer krank im Bett lag und ihre Mutter sich sorgte, beruhigte sie diese mit der Aussage, dass sie ja schon deshalb noch nicht sterben könne, weil sie noch so viel zu tun habe.

Rita Kramer fasst die von ihr über das Leben Montessoris zusammen getragenen Berichte insgesamt zu dem folgenden Charakterbild zusammen:

> *»Das Mädchen, das durch diese Geschichten hindurchschimmert, ist selbstsicher, willensstark, ein wenig selbstgefällig. Sie hat jenes Pflichtgefühl, das manchmal zur Intoleranz gegenüber anderen führt. Kurzum, sie war die geborene Sozialreformerin und gewiß eine auffallende Einzelgängerin, dort und damals. Mit unbezähmbarer Begeisterung, die wahrscheinlich mehr auf die Anregung und Ermutigung durch die Mutter zurückging als auf irgendetwas, das sich in der Schule abspielte, las die kleine Maria Bücher, stellte Fragen und dachte an eine Fortsetzung ihrer Ausbildung« (Kramer 1997, S. 33).*

Nachdem sich die besondere Interessenlage und Begabung Maria Montessoris zunehmend bestätigt hatte, zogen sich Mathematik und Naturwissenschaft wie ein roter Faden durch ihr ganzes Leben. Schon als zwölfjährige Schülerin vermochte sie sich gegen den Willen ihres Vaters durchzusetzen und besuchte anstelle des für sie vorgesehenen klassischen Mädchengymnasiums die damals neu eingeführte polytechnische Oberschule, die sie, vier Jahre später als Sechzehnjährige, in allen Fächern mit ausgenommen guten Noten abschloss.

Studienzeiten und berufliche Orientierung

Nach ihrem Schulabschluss ging Montessori zielstrebig ihrem ersten Berufswunsch nach, wollte Ingenieurin werden und studierte – bis ins letzte Studienjahr und mit abermals überaus großem Erfolg – die Fächer Physik, Mathematik und Naturwissenschaften. Plötzlich und unerwartet trat Montessori aber nicht zu ihrer Abschlussprüfung an, sondern entschied sich dafür, ihrer beruflichen Laufbahn eine andere Richtung zu verleihen. Zu diesem Zeitpunkt ahnte ihr Vater (für den schon das Ingenieurstudium seiner Tochter schwer erträglich war) vermutlich noch nicht, dass der Sinneswandel seiner Tochter zunächst noch schlimmere Folgen für ihn haben sollte.

Denn wie häufig in ihrem Leben einer inneren Eingebung folgend, wollte Maria Montessori nun Ärztin werden – ein Vorhaben, dessen Realisierung in Anbetracht der bestehenden Widerstände überaus großer Anstrengungen bedurfte. Wie sie später selbst berichtete, hatte sie sich zu guter Letzt bis zum damaligen Papst Leo XIII. höchstpersönlich vorarbeiten müssen. Erst nachdem dieser seine unerwartet emanzipierte Einstellung kundtat, dass der Arztberuf und die weibliche Tugend der Fürsorge gut zusammen passen würden, war die letzte Hürde genommen. Wie schwer der Einstieg in ihre medizinische Laufbahn aber noch werden sollte, konnte Maria Montessori zu dieser Zeit vermutlich noch nicht einmal selbst erahnen.

Unvorstellbar diskriminierend waren die Voraussetzungen und rau die Sitten, denen Montessori in der bis dato von Männern dominierten Medizin trotzen musste. Wie sie sich anfänglich dabei fühlte, ist eindrücklich in einem ihrer ausführlichen Briefe nachzulesen. So beschrieb sie zum Beispiel im Zusammenhang ihrer Erfahrungen im Seziersaal u. a., dass es ihr nicht gestattet war, gemeinsam mit ihren männlichen Kommilitonen an Leichen zu hantieren. Vielmehr musste sie die Arbeiten an den toten Körpern am Abend allein im dunklen Keller durchführen, wo sich der Seziersaal voller baumelnder menschlicher Skelette befand. Anderen Berichten folgend durfte sie den Saal, in dem die Vorlesungen stattfanden, erst betreten und darin Platz nehmen, nachdem ihre männlichen Studierenden Eingang gefunden und die guten Sitzplätze eingenommen hatten (Kramer 1997, S. 50ff).

Aber Montessori überwand auch diese Herausforderungen bis zum Ende ihrer Studienzeit beharrlich und mit großem Engagement. Ihr triumphaler Studienabschluss wurde von allen Seiten mit größtmöglicher Anerkennung bedacht und brachte ihr alle Ehre ein. Dank ihrer raschen Auffassungsgabe und Klugheit war es Maria Montessori nicht nur gelungen, ihre männlichen Kommilitonen und die Professorenschaft zu überzeugen. Auch ihr Vater zeigte sich zunehmend versöhnlich und stolz auf seine erfolgreiche, in den Folgejahren zunehmend auch öffentlich hoch geschätzte Tochter und vermochte dies ihr gegenüber auch gebührend zum Ausdruck zu bringen.

Von der Allgemeinen Medizin über die Kinderheilkunde zur Pädagogik

Im Jahr 1895, d. h. bereits ein Jahr vor ihrem Studienabschluss, gewann Montessori einen Wettbewerb, der ihr eine Stelle in einem Kinderkrankenhaus bescherte. Ihre dortige Arbeit mit behinderten Kindern führte sie zur Anthropologie und – motiviert durch den insgesamt reformpädagogischen Aufschwung ihrer Zeit – zur Pädagogik und Didaktik. Bereits während ihrer medizinischen Tätigkeit in der Kinderheilkunde begann Montessori damit, die pädagogischen Klassiker zu studieren, unter denen insbesondere Johann Amos Comenius, Johann Heinrich Pestalozzi und Friedrich Fröbel (1782–1852) ihre großen Vorbilder waren. Auch Jean-Jaques Rousseau lieferte Montessori wesentliche Impulse, wenngleich – oder gerade weil – sie sich grundlegend von dessen kulturfeindlichem Freiheitsbegriff abgrenzte.

Da tagsüber die Zeit zum Studieren fehlte, verlegte Montessori ihr diesbezügliches Engagement zumeist auf die abendlichen und nächtlichen Stunden, die sie in der Bibliothek der Universität zu Rom zubrachte und wo sie in akribischer Kleinarbeit unter anderem selbst Texte aus dem ihr anfänglich noch unbekannten Französischen übersetzte und erschloss. Die wegweisenden Schriften des Arztes und Taubstummenlehrers Jean Marc Itard (1774–1838) und seines Schülers und Begründers der wissenschaftlichen Geistigbehinderten-Pädagogik Édouard Séguin (1812–1880) waren es, die Montessori in ihrem Bemühen motivierten, förderbedürftige, damals noch als »schwachsinnig« bezeichnete Kinder zu fördern und in ihrer Entwicklung zum eigenen, und darüber hinaus ausdrücklich auch zum Wohl der ganzen Gesellschaft weiter zu bringen.

Angeregt durch die Vorarbeiten von Itard und Séguin begann sie mit der Entwicklung von Materialien, deren Einsatz sie im Rahmen einer von ihr durchgeführten vergleichenden Studie zum Spracherwerb mit »normal« entwickelten und »zurückgebliebenen« Kindern durchführte. Nachdem der unerwartete Fall eintrat und sich zeigte, dass die als »zurückgeblieben« und »schwachsinnig« geltenden Kinder das Lesen und Schreiben anhand der eingesetzten Fördermaterialien ebenso gut und teilweise sogar besser erlernten als die »normalen« Schulanfängerkinder, war der Bann gebrochen.

Möglicherweise ist dieser Erfolg einem von Maria Montessori selbst berichteten persönlichen Schlüsselerlebnis zu verdanken, welches ihren beruflichen Umschwung von der Medizin in die Pädagogik maßgeblich prägte: Eines Tages besuchte Maria Montessori eine Betreuungsanstalt für »schwachsinnige« Kinder. In einem Raum, in dem sich weder Möbel noch andere Gegenstände befanden, kauerte eine Gruppe von Kindern auf dem Boden und spielte mit Brotkrumen. Die Aufseherin spottete über die Dummheit dieser Kinder und tat ihren Unmut darüber kund, dass diese ihr Brot nicht aßen, sondern vergeudeten.

Maria Montessori deutete diese, von ihr mit größter Konzentration beobachtete Begebenheit in eine ganz andere Richtung: Ihrer Überzeugung nach handelte es sich hier um kein medizinisches, sondern ein pädagogisches Defizit. Demnach spielten die Kinder nicht mit dem Brot, weil sie schwachsinnig waren, sondern weil ihnen in dem kargen Raum nach Tätigkeit und Aktivität dürstete.

In der Folgezeit wandten sich Montessoris Interesse und Arbeitsschwerpunkt zunehmend stärker der Pädagogik zu. Ende des 19. Jahrhunderts (1899) übernahm sie die Leitung des neu ins Leben gerufenen Heilpädagogischen Instituts in Rom. Allerdings brach sie ihre dortige Tätigkeit auf dem Höhepunkt ihres Erfolges – für alle Welt unerwartet und unter Angabe persönlicher Gründe – schon nach zwei Jahren wieder ab. In diesem Zusammenhang wird angenommen, dass Montessori eine Liebesbeziehung mit ihrem Kollegen Guiseppe Montesano führte und dass der Abbruch ihrer Tätigkeit mit dem Ende dieser schwierig gewordenen Beziehung in Zusammenhang stand. Ein Jahr bevor sie die Leitung des Instituts übernommen hatte, gebar Montessori ihren unehelichen Sohn Mario – ob allerdings Montesano der leibliche Vater war, ist bis heute umstritten.

Dem Wunsch ihrer Mutter folgend, mutmaßlich aber auch aus Karrieregründen, willigte Maria Montessori ein, ihr Kind unmittelbar nach der Geburt in die Obhut eines Ehepaars zu geben, das auf dem Land nahe Rom lebte. Dort verbrachte der Sohn seine ersten Lebensjahre. Ab dem Alter von etwa sieben Jahren wuchs er in einem Internat bei Florenz auf. Maria Montessori besuchte ihren Sohn in regelmäßigen Abständen als »feine Dame«, ohne die wahren Hintergründe offen zu legen. Gemäß den überlieferten Belegen und Berichten wird davon ausgegangen, dass Montessori an ihrer über viele Jahre geheim gehaltenen und daher ungelebten Mutterschaft schwer zu tragen hatte.

Nach dem Tod der Mutter holte Montessori ihren zu diesem Zeitpunkt etwa zwölfjährigen Sohn wieder zu sich, nahm ihn fortan mit zu ihren Vortragsreisen und blieb Zeit ihres Lebens aufs Engste mit ihm verbunden. Nach Maria Montessoris Tod setzte Mario Montessori die Arbeit seiner Mutter fort.

Das erste Kinderhaus, pädagogische Karriere

1907 wurde Maria Montessori, damals siebenunddreißig Jahre alt und eine ausgezeichnete Wissenschaftlerin, mit der Aufgabe betraut, in San Lorenzo, einem Armenviertel von Rom, eine pädagogische Einrichtung für Kinder im Kindergarten- und Vorschulalter einzurichten. In Anbetracht der damals begrenzten Mittel beschränkte sich das Mobiliar in diesem ersten Kinderhaus zunächst auf das Wesentliche, d. h. auf ein Lehrerpult, einige große Tische, an denen die Kinder gut sitzen konnten, einige gespendete herkömmliche Spielzeuge und einen großen, abschließbaren Schrank zur Aufbewahrung der ersten Lernmaterialien. Letztere hatte Montessori für ihre Arbeit mit zurückgebliebenen Kindern entworfen und für das Rechnen-, Lesen- und Schreibenlernen in der Schule abgewandelt. Auch die biologische Kommode, ein Material zur Bestimmung der unterschiedlichen Baumarten bzw. Blattformen, kam im Kinderhaus zum Einsatz.

Da Montessori in der ersten Gründungsphase noch zahlreiche andere Pflichten in den Bereichen Lehre, Forschung und Praxis zu erfüllen hatte, war ihre persönliche Aufenthaltsdauer im Kinderhaus äußerst begrenzt. Manchmal kam sie nur einmal die Woche vorbei, um zu hören, was sich während ihrer Abwesenheit zugetragen hatte, und um ihre eigenen Beobachtungen voran zu bringen. Dies brachte mit sich, dass die von Montessori zur Betreuung der Kinder beauftragte Lehrerin ihre pädagogische Arbeit weitgehend autonom gestaltete. Tatsächlich erteilte Montessori der Lehrkraft nur einen einzigen konkreten Arbeitsauftrag: Die Beobachtung der Kinder im Umgang mit den didaktischen Materialien, die zu folgenden Erkenntnissen führten:

Aus ihrer Arbeit mit zurückgebliebenen Kindern war Montessori gewohnt, viel Zeit dafür aufzuwenden, den Kindern gut zuzureden, damit sie überhaupt bei der Sache bleiben konnten. Im Gegensatz dazu fingen die Kinder in San Lorenzo sofort damit an, die unterschiedlich großen Holzklötze in der richtigen Reihenfolge aufzutürmen, die hölzernen Zylinder in die passenden Aussparungen zu stecken oder sich anderer Materialien ordnungsgeleitet zu bedienen. Letztendlich übten die didaktischen Materialien eine so große Anziehungskraft auf die Kinder aus, dass sie die Arbeit damit dem Spiel mit den Puppen, Wägelchen oder Bällen vorzogen. Ein weiteres Beobachtungsergebnis bestand darin, dass die Kinder im handelnden Umgang mit den Materialien eine unerwartet große Konzentrationsfähigkeit an den Tag legten. Damit ging einher, dass sich auch das soziale Verhalten der Kinder veränderte; sie gingen geselliger, mitteilungsfreudiger und beziehungsfähiger miteinander um.

Nachdem sich darüber hinaus zeigte, dass schon vier- und fünfjährige Kinder nach der Montessori-Methode das Lesen, Schreiben und Rechnen erlernen konnten, blieb der Erfolg nicht aus, mit der Folge, dass diesem ersten Kinderhaus viele weitere Einrichtungen, zunächst in Italien, dann in ganz Europa und später in der ganzen Welt folgen sollten. Teil dieser Aufbauarbeit war die Entwicklung eines Ausbildungskonzepts, denn schließlich mussten die Erzieherinnen[7] und Lehrkräfte in die neue Erziehungsmethode eingeführt und auf ihre Aufgabe in Kinderhaus und Schule vorbereitet werden. Entsprechend fanden ihre Ausbildungskurse in allen Ländern statt, in denen Montessori-Einrichtungen eröffneten.

Auch ihr erstes, 1909 veröffentlichte Buch »Il methodo della padagogica«[8] (die Methode der wissenschaftlichen Pädagogik) und die zahlreichen Schriften, die danach folgten, brachten Montessori große Wertschätzung ein und trugen zu einer beachtlichen Ausweitung ihres Bekanntheitsgrades bei.

Internationale Aktivitäten und Erfolge

Im Jahr 1915 zog Montessori nach Barcelona um. Von dort aus unternahm sie zahlreiche Vortragsreisen und verbrachte viele Wochen und Monate in Europa und Amerika. Da die Unruhen des spanischen Bürgerkriegs zunehmend bedrohliche Ausmaße annahmen, verlegte Maria Montessori ihren ständigen Wohnsitz Mitte der 1930er Jahre

7 Gemäß Verlagsempfehlung werden in der Regel geschlechtsneutrale Formulierungen verwendet. Abweichend hiervon wird im Folgenden lediglich die weibliche Form genutzt, weil im Vorschulbereich überwiegend Kolleginnen tätig sind und auch in der Literatur durchweg von »Erzieherinnen« die Rede ist. Unabhängig hiervon sind jedoch natürlich stets auch die leider noch wenigen Erzieher mitgedacht und angesprochen.

8 Montessoris in nur wenigen Wochen geschriebenes Erstwerk erschien im Jahr 1913 in deutscher Sprache unter dem Titel »Selbsttätige Erziehung im frühen Kindesalter«. In den nachfolgenden Ausgaben ist das Buch bis heute unter: »Die Entdeckung des Kindes« erschienen, zum Beispiel Montessori (2001).

in die Niederlande. In den Jahren zwischen 1939 bis 1946 lebte und wirkte sie in Indien. Die vielen bunten Eindrücke, Begegnungen und Erfahrungen aus dieser Zeit boten ihr zahlreiche Anregungen und förderten ihren unermüdlichen Schaffensdrang. Es wird angenommen, dass nicht nur die vielfältigen und fremdartigen indischen Mentalitäten und Lebensarten, sondern insbesondere auch die spirituellen buddhistischen Einflüsse ihre Arbeit auf besondere Weise prägten.

Wie zuvor in Europa, so wurden auch in Indien zahlreiche Kinderhäuser und Schulen aufgebaut, sowie Erzieherinnen und Lehrkräfte geschult, was eine große Montessori-Bewegung begründete. Heute ist in Indien nicht nur die größte Montessori-Schule, sondern die größte Schule der Welt überhaupt zuhause.[9]

Aber Montessori überzeugte nicht nur in der Medizin und Pädagogik. Vielmehr feierte sie auch in der internationalen *Frauenbewegung* Erfolge. Den Vorträgen, die sie als sehr junge Frau und Delegierte Italiens auf dem im Jahr 1896 in Berlin ausgerichteten Frauenweltkongress hielt, folgte ein Aufsehen erregendes Presseecho:

> *»Die Italiener bezeichneten sie als ›la giovane dottoressa Montessori‹ […] Die Deutschen nannten sie eine anbetungswürdige Erscheinung, die Beschwörung eines Tizianischen Traumes. Der Berliner Korrespondent des Mailänder Corriere della Sera schrieb, der Auftritt der Doktorin Montessori überwand den Spott der anwesenden Herren und machte sie vor Vergnügen lächeln. Mit einer solchen Delegierten war der Erfolg des Kongresses gesichert. In der anmutigen Römerin war das ewig Weibliche glänzend verkörpert. Was für eine entzückende emanzipierte Frau! Es schien, als wolle jeder sie umarmen. Selbst jene, die nicht verstehen konnten, was sie sagte, waren bezaubert von ihrer musikalischen Stimme und ihrem Ausdruck« (Kramer 1997, S. 68f).*

Montessoris unermüdliches Bemühen um eine neue Erziehung der nachfolgenden Generationen galt allerdings nicht allein dem Abbau der gesellschaftlichen Diskriminierung, einer größeren Wertschätzung des weiblichen Geschlechts oder einer künftig besseren Verständigung zwischen den Geschlechtern. Vielmehr verstand sie das pädagogische Wirken im Kontext ihrer Erziehungsmethode weit umfassender als Beitrag zur *Friedensbewegung*, d. h. zur allgemeinen Sicherung des friedlichen sozialen Miteinanders in der Welt. Dennoch kam es – trotz mehrmaliger Nominierung – aus unbekannten Gründen nicht dazu, dass Maria Montessori mit dem Friedensnobelpreis ausgezeichnet wurde.

---

9 In der City-Montessori-Schule im indischen Lakhnau werden insgesamt 47 000 Schüler von 2 500 Lehrern in 2 000 Klassenzimmern unterrichtet. 2002 gewann die Schule den UNESCO-Preis für Friedenserziehung.

Die letzten Lebensjahre

Nach ihrer Rückkehr aus Indien waren Maria Montessori noch einige Lebens- und produktive Arbeitsjahre in Holland vergönnt, die sie der Vervollkommnung ihres Lebenswerks widmete. Am 6. Mai 1952 verstarb sie – mitten in den Planungen für eine pädagogisch motivierte Reise – in ihrem Haus in Nordwijk van Zee bei Amsterdam. Dass Montessori ihr Lebenswerk auch ohne Friedensnobelpreis ganz dem Frieden widmete und dass sie der tiefen Überzeugung war, der Schlüssel zur Friedfertigkeit sei allein bei den Kindern dieser Welt zu finden, ist auf ihrem Grabstein in Nordwijk van Zee festgehalten:

> *»Ich bitte die lieben Kinder, die alles können, mit mir zusammen für den Aufbau des Friedens zwischen den Menschen und in der Welt zu arbeiten«*[10]

10 Dies ist die deutsche Übersetzung des auf dem Grabstein von Maria Montessori in italienischer Sprache vermerkten Ausspruchs.

3. Montessori-Pädagogik verstehen

3.1 Bildung und Erziehung »aus einem Guss«

Fragt man Menschen unvermittelt danach, was sie über Maria Montessori oder die Montessori-Pädagogik wissen, offenbart sich erfahrungsgemäß zumeist ein eher bescheidener Kenntnisstand. Herumgesprochen hat sich offenbar, dass Maria Montessori Italienerin und die erste Frau war, die zum Medizinstudium zugelassen wurde. Auch dass die Montessori-Pädagogik zum Ziel hat, die individuellen Begabungen der Kinder gemäß dem Motto »*Hilf mir, es selbst zu tun!*« zu fördern, ist allgemein bekannt. Damit hat es sich aber zumeist schon, und rascher als gedacht wird man mit Bewertungen von »echt gut« bis »unrealistisch« konfrontiert.

Doch unabhängig davon, ob man sich eher zu den überzeugten Montessori-Experten oder den zumeist unwissenden Skeptikern zählt: Fakt bleibt, dass die nähere Beschäftigung mit der Montessori-Pädagogik ein pädagogisch-didaktisches Konzept offenbart, das in mehrfacher Hinsicht durch ein hohes Maß an Schlüssigkeit und Stringenz gekennzeichnet ist.

Zunächst fällt auf, dass die Biografie und das pädagogische Werk Maria Montessoris eine untrennbare, authentische Einheit bilden. Den Beleg hierzu liefern die zahlreichen Schriften und überlieferten Vortragstexte, in denen Montessori selbst von den zentralen Schlüsselerlebnissen, Begegnungen und Beobachtungen berichtet, die sie zu ihrer Arbeit motivierten oder zur Weiterentwicklung ihres pädagogischen Konzepts beitrugen.

Nimmt man des Weiteren das pädagogisch-didaktische Konzept für sich genommen näher unter die Lupe, zeigt sich, dass Maria Montessori ein starkes Interesse daran hatte, ihre wissenschaftlich fundierten Beobachtungen und theoretischen Überlegungen stets bis in die Praxis weiter zu denken. Insofern handelt es sich bei der Montessori-Pädagogik nicht um ein – quasi auf dem Reißbrett entstandenes – Theoriekonstrukt, sondern um ein biografiebasiertes Konzept, das pädagogische Theorie und Praxis im Kontext der Freien Arbeit in einer vorbereiteten (Material-)Umgebung zusammenbringt.

Dieser Anspruch beinhaltet allerdings weit mehr, als zu wissen, wie die klassischen Montessori-Materialien funktionieren und wie deren praktischer Einsatz gestaltet werden kann. Vielmehr kommt es im Kern gerade darauf an, eine an pädagogischen Rezepten und naiven Lernspielen orientierte Haltung zu überwinden und eine bildhafte Vorstellung von dem größeren Zusammenhang zu entwickeln, in welchen die praktische Arbeit mit den didaktischen Materialien eingebunden ist.

Eines der wichtigsten didaktischen Prinzipien in der Montessori-Pädagogik lautet: »Zuerst das Ganze, dann das Detail und wieder zurück zum Ganzen« (Schaub

2013, S. 15). Diesem Grundsatz folgend beziehen sich die untenstehende Abbildung 1 und das erste Teilkapitel zum Welt- und Menschenbild zunächst auf das Ganze, d. h. darauf, was das Montessori-Konzept im Grunde ausmacht und zusammenhält. Die nachfolgend ausgeführten anthropologischen Grundannahmen gehen hingegen ins Detail. Betrachtet man jeden hierunter näher erläuterten Einzelaspekt als ergänzendes Puzzleteil, erschließt sich beim Lesen allmählich Montessoris »Bild vom Kind« – und damit der zentrale Fluchtpunkt, auf dem das Montessori-Konzept gründet.

Die dieses Kapitel abschließenden Tabellen (1–3, s. S. 46–47) geben wiederum den Blick auf das Ganze frei, verweisen auf die praktische Umsetzung und leiten insofern zum nächsten Kapitel »Montessori-Pädagogik anwenden und erleben« über.

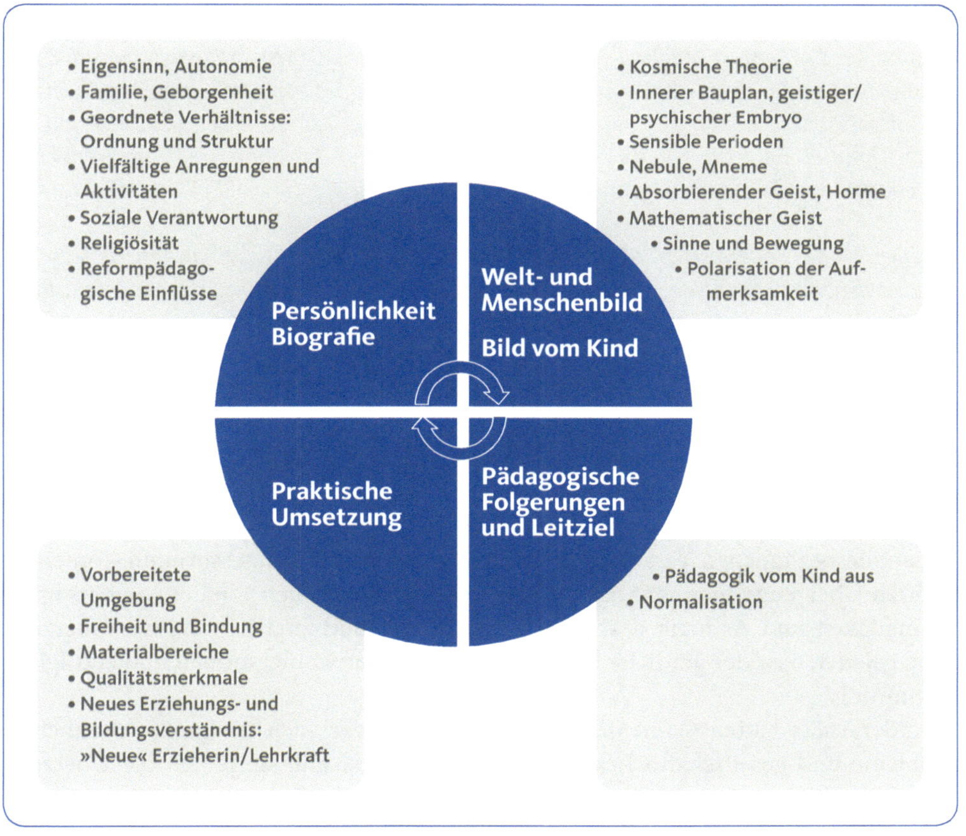

Abb. 1: Montessori-Pädagogik verstehen – Pädagogik »aus einem Guss«

3.2 Welt- und Menschenbild

Kosmische Theorie, die Stellung des Menschen in der Welt und im Kosmos, Religiosität

Die »*Kosmische Theorie*« und die hieraus gefolgerten Erziehungsanforderungen entwickelte Montessori – mit Unterstützung ihres Sohnes Mario – erst in den letzten Jahren ihres pädagogischen Wirkens. Insofern stellt die »*Kosmische Erziehung*« (S. 97 f.) einen allumfassenden, das Montessori-Konzept vollendenden Schlusspunkt dar:

> *»Die kosmische Theorie [...] erkennt in der ganzen Schöpfung einen einheitlichen Plan, von dem nicht nur die verschiedenen Formen der Lebewesen, sondern auch die Entwicklung der Erde selbst abhängt [...] Das Leben schreitet nach einem kosmischen Plan voran, und der Sinn des Lebens ist nicht, Vollkommenheit auf einer unbegrenzten Bahn des Fortschritts zu erlangen, sondern einen Einfluß auf die Umgebung auszuüben und ein bestimmtes Ziel in ihr zu erreichen [...] Jede Art wirkt für das Ganze und vom Werk eines jeden hängt die Lebensmöglichkeit des Ganzen ab« (Montessori 1988, S. 19–21).*

> *»Denn jedes Lebewesen wird von seiner Umwelt nicht nur dazu aufgerufen, schlechthin zu existieren, sondern eine Funktion auszuüben, die zur Erhaltung der Welt und ihrer Harmonie notwendig ist« (Montessori 1987a, S. 26).*

In diesen Zitaten spiegeln sich die christliche Herkunft Maria Montessoris ebenso wider, wie die kulturelle und buddhistische Prägung aus ihrem Indienaufenthalt (1939–1946).

Unübersehbar sind aber auch die Bezüge zu Comenius (1592–1670). Insbesondere hinsichtlich der bedeutsamen Frage nach der Stellung des Menschen im Kosmos und seinen diesbezüglichen Verantwortlichkeiten standen sich Montessori und Comenius in ihren Überzeugungen sehr nahe: Beide waren grundsätzlich von der wundersamen Einmaligkeit und Ästhetik des Universums beseelt und zugleich von der Überzeugung geleitet, dass der göttliche Plan diesem gegenüber wohlgesonnen und zuträglich gestimmt ist.

Andererseits hatten Comenius und Montessori aber auch die großen weltlichen Probleme und gesellschaftlichen Missstände im Blick, und sie teilten die Überzeugung, dass der vorrangige Sinn des menschlichen Daseins darin besteht, die bestehenden Notstände zu überwinden und zur Vervollkommnung des kosmischen Gesamtzusammenhangs beizutragen.

Vor dem Hintergrund dieser Übereinstimmungen vermögen die Lebenswerke von Comenius und Montessori kaum zu verwundern: Beide waren von der Intention geleitet, den Menschen anhand einer zuträglichen Erziehung zu einer wertschätzenden Haltung bzw. kosmischen Verantwortung zu führen. In diesem Zusammenhang wird

Comenius bis heute zu Recht als bedeutsamer pädagogischer Klassiker gewürdigt, dessen Denken und Werk nicht nur die Pädagogik und Didaktik, sondern auch das öffentliche Bildungswesen über Jahrhunderte nachhaltig prägten.

Das Verdienst von Maria Montessori ist hingegen, auf die große Bedeutung der vorgeburtlichen Kräfte und kindlichen Entwicklungsleistungen für die menschliche Bewusstseinsbildung im Sinne kosmischer Verantwortung aufmerksam zu machen:

> *»Wir dürfen nicht nur das Kind sehen, sondern Gott in ihm. Wir müssen die Gesetze der Schöpfung in ihm achten. Wir dürfen nicht denken, wir könnten das Kind machen; wenn wir das tun, verderben wir das göttliche Werk« (Montessori 1935/ 2008, S. 97).*

Dass die *Religiosität* im Zusammenhang der Kosmischen Theorie einen besonderen Stellenwert einnimmt, stand für Maria Montessori außer Frage:

> *»Wenn uns Religion fehlt, so fehlt uns etwas Fundamentales für die Entwicklung des Menschen« (Montessori 1995, S. 97).*

Obwohl Maria Montessori zeitlebens in der Tradition der katholischen Kirche beheimatet war, galt ihr religiöses Interesse und Engagement nicht dieser Glaubensrichtung allein. Dass sie sich allen Kultur- und Religionsgemeinschaften gegenüber offen zuwandte, zeigt sich u. a. daran, dass sie während ihres Indienaufenthalts eine religionsübergreifende Veranstaltung für Hindus, Moslems, Katholiken und Menschen mit anderen Religionszugehörigkeiten ausrichtete (Oswald/ Schulz-Benesch 2008, S. 185).

Aus dieser Perspektive wird Montessori zu Recht als religiöser, gläubiger und zugleich weltoffener Mensch bezeichnet (Steenberg 2014, S. 28), dessen Denken und Wirken für eine menschenwürdige, selbstbestimmte Erziehung allen Kindern dieser Welt galten:

> *»Wir müssen bedenken, dass Religion eine universale Empfindung ist, die in jedem Menschen existiert und existiert hat seit Beginn der Welt. Es ist nicht etwas, was wir dem Kind geben müssen. Gerade so, wie in jedem Menschen eine Tendenz gegeben ist, Sprache zu entwickeln, ist eine Tendenz gegeben, Religion zu entwickeln. Alle Menschengruppen, seien sie hoch entwickelt oder nicht, haben zu allen Zeiten eine Religion gehabt. Sprache und Religion sind die beiden Kennzeichen jeder Menschengruppe. Religion ist etwas, das im Inneren jeder Seele ist. Sie können ihren Verstand verlieren, aber sie können nicht verlieren, was in ihrem Herzen ist. Dies ist ein ganz bedeutsamer Kernpunkt« (Montessori 1946/ 2008, S. 188).*

Aus den obigen Zitaten geht aufs Deutlichste hervor, dass Maria Montessori der Verbindung zwischen Gott, Welt und Mensch bzw. kindlicher Natur eine basale Bedeutung beimaß. Da der Mensch nach Montessori in diesem Zusammenhang eine verantwortungsvolle Sonderrolle einnimmt (s. o.), lag nahe, das Kind und seine göttliche

Bestimmung in die Mitte des Weltgeschehens zu rücken. Diese Festlegung zog nach sich, das konzeptprägende »Bild vom Kind« anthropologisch näher zu begründen.

Anthropologische Grundannahmen

»Innerer Bauplan« – das Kind als »Baumeister des Menschen«

Der von Montessori geprägte Begriff »*Innerer Bauplan*« wird häufig dahingehend gedeutet, dass sich die menschliche Entwicklung innerhalb (genetisch) festgelegter, chronologisch aufeinander aufbauender Phasen vollzieht. Tatsächlich wird bei näherer Betrachtung aber deutlich, dass Montessori genau das Gegenteil damit verband, d. h. die Entwicklungsoffenheit des Menschen (Klein 2012, S. 16f.).

Diese Entwicklungsoffenheit manifestiert sich für Montessori darin, dass der Mensch nicht nur eine, sondern *zwei embryonale Phasen* durchläuft. Danach folgt der vorgeburtlichen embryonalen Phase, in welcher sich der »physische Embryo« ausbildet, ein zweiter nachgeburtlicher Entwicklungsabschnitt, der dem Aufbau des »geistigen« bzw. »psychischen Embryos« dient.

Während die vorgeburtliche Ausbildung der menschlichen Organe durch eine rasche Teilung und Anhäufung der Eizellen gemäß genetischen Abhängigkeiten erfolgt, unterliegt die zweite, nachgeburtliche Ausformung der geistigen und psychischen Kräfte keinen genetischen Einschränkungen. Vielmehr wirken stattdessen äußere Einflüsse und Eindrücke auf den Säugling bzw. das Kleinkind ein. Von zentraler Bedeutung ist, dass Montessori diese nachgeburtliche embryonale Phase ausdrücklich auf die ersten drei Lebensjahre beschränkte (Klein 2012).

Des Weiteren grenzte sie sich vehement von der Vorstellung ab, dass die geistig-psychische Entwicklung des Menschen einem vorherbestimmten Plan folgt. Vielmehr war sie davon überzeugt, dass der Prozess der Menschwerdung maßgeblich durch die Einzigartigkeit, Weltoffenheit und individuelle Schöpfungskraft eines jeden Menschen gekennzeichnet ist:

> *»Jeder Mensch ist von allen anderen verschieden, in jedem wohnt ein eigener, schöpferischer Geist, der aus ihm ein Kunstwerk der Natur macht« (Montessori 2009, S. 57f.).*

> *»Es bestehen also angeborene Neigungen, der eigenen Natur entsprechend zu wachsen und sich zu entwickeln« (Montessori 1949/2008, S. 74f.).*

Im Rahmen seiner Entwicklung durchläuft das Kind nach Montessori *vier Stufen*, innerhalb derer es seine Aktivitäten zunächst unbewusst ausführt. Später trachtet es zunehmend danach, seine Tätigkeiten zielorientiert zu vervollkommnen:

- Die *erste Stufe* beschreibt Montessori als Zeit des »unbewussten Schöpfers«. Einem Kind, das sich in diesem Stadium befindet, geht es nicht darum, mit seiner Arbeit ein bestimmtes Ergebnis oder Produkt zu erzielen. Vielmehr stellt bereits das Aktivsein, das zweckfreie Tun als solches die vorgesehene Leistung des Kindes dar. Diese offenbart sich beispielsweise dann, wenn ein Kleinkind selbstversunken und ausdauernd damit beschäftigt ist, einen Lappen, Schwamm oder Softball in seinen Händen zu kneten, oder Sand und Wasser – unermüdlich und von außen betrachtet ziellos scheinend – von einem Gefäß in ein anderes zu schütten.

- Auf der *zweiten Kompetenzstufe* versucht das Kind, seine Arbeit zu verfeinern und die Ergebnisse seiner Anstrengung – häufig in Nachahmung der Größeren – zu perfektionieren. Ab dieser Stufe setzt ein Prozess ein, dem sich das bislang zweckfrei tätige Kind zum »bewussten Arbeiter« entwickelt. Diese Stufe wird ersichtlich, wenn ein Kind etwa damit beschäftigt ist, ein »schönes« Bild zu malen.
- Das *dritte Entwicklungsstadium* ist dadurch gekennzeichnet, dass das Kind Transferleistungen zu erbringen vermag. Erreicht ist diese Stufe, sobald ein Kind erkennt, dass das von zuvor an Wollfäden erlernte Schleifenbinden auf das Binden seiner Schuhbändel übertragen werden kann, und es dieses auch umsetzt.
- Die vierte und *letzte Entwicklungsstufe* ist dann erreicht, wenn das Kind erkennt, dass es die Fähigkeiten, die es zu seinem eigenen Nutzen auszuführen in der Lage ist, auch zum Wohl der Gemeinschaft einbringen kann. Dies ist beispielsweise dann der Fall, wenn ein Kindergartenkind sich nicht damit begnügt, sein eigenes Vesper auszupacken, sondern den Frühstückstisch für die ganze Gruppe deckt.

Soweit zum Ursprung und zur Herausbildung des »Inneren Bauplans«. Aber wie lässt sich vor diesem Hintergrund das Bild vom »Kind als Baumeister des Menschen« erklären? Wie bereits oben erwähnt, war Maria Montessori der Überzeugung, dass jedes Kind die Schöpfung Gottes in sich trägt.[11] Und eben dieser göttliche Schöpfungsplan ist es, der sich in der schützenswerten Einzigartigkeit eines jeden Individuums widerspiegelt und der die kindliche Natur in den ersten Lebensjahren vor einen großen, von außen nicht beeinflussbaren und folglich intrinsisch motivierten Gestaltungsauftrag stellt:

> *»So vermag uns nur das Kind selber zu enthüllen, welches der natürliche Bauplan des Menschen ist. Doch da es nichts Zarteres und Empfindlicheres gibt als das neugeborene Geschöpf, bedarf auch das Seelenleben des Kindes eines Schutzes und daher einer Umwelt, die es in ähnlicher Weise behütet, wie dies die Hüllen und Schleier rings um den physischen Embryo besorgen« (Montessori 1987a, S. 27).*

> *»Der Erwachsene darf nicht länger blind bleiben angesichts der seelischen Realität, die sich im Neugeborenen verwirklicht. Er kann ihm freilich nicht dabei helfen, sich selbst aufzubauen, denn das besorgt die Natur allein« (Montessori 1987a, S. 56).*

---

11 S. Zitat am Ende der Ausführungen zur »Kosmischen Theorie«, S. 31 oben.

Mit anderen Worten: Maria Montessori war der Ansicht, dass Kinder in den ersten Jahren nach der Geburt noch gar nicht erziehbar sind. Vielmehr war sie der Überzeugung, dass sich der natürliche individuelle »Bauplan des Menschen« autonom von innen heraus entfaltet. Folgt man den neueren Erkenntnissen aus der humanpsychologischen und anthropologischen Forschung, war Montessori ihrer Zeit offenkundig weit voraus. Denn die Erziehbarkeit des Kleinkindes ist auch heute noch umstritten:

> *»In jedem Organismus, auf welcher Entwicklungsstufe er auch stehen mag, sind Kräfte, die ihn zu einer konstruktiven Erfüllung seiner inhärenten Möglichkeiten drängen. Der Mensch hat eine angeborene Tendenz zur vollständigen Selbstentfaltung« (Rogers 1988, S. 100).*

> *»In der Deutung des Menschen als besonders lernbedürftig und lernfähig sind sich die Anthropologen seit längerem einig. Ob aus der Lernbedürftigkeit aber auch eine Erziehungsbedürftigkeit zu folgern sei und welche Bedeutung pädagogischen Maßnahmen vor allem während der ersten Lebensjahre für die Entwicklung von Kindern zukommt, ist nach wie vor umstritten« (Brügelmann 2006, S. 96).*

Aus den obigen erziehungskritischen Äußerungen Montessoris zu schließen, dass Kinder in ihren ersten Lebensjahren keiner Förderung bedürfen, wäre allerdings zu kurz gegriffen:

> *»[der Erwachsene, E.S.] muß die Kundgebungen dieser Aufbauarbeit respektieren und die dafür erforderlichen Mittel bereitstellen, jene Mittel, die sich das Kind aus eigener Kraft nicht verschaffen kann« (Montessori 1987a, S. 56).*

Letztlich legen auch die beim Kind vorhandenen Energien und der an das Kind gerichtete »kosmische Auftrag« eine tatkräftige, die Selbstkräfte des Kindes mobilisierende *Unterstützung* nahe:

> *»Das Kind verfügt über größere Energie, als im Allgemeinen angenommen wird [...] das Kind ist der Baumeister des Menschen, und es gibt niemanden, der nicht von dem Kind, das er selbst einmal war, gebildet wurde [...]. Die Mutter trägt das Neugeborene aus, aber das Neugeborene bringt den Menschen hervor. Stirbt die Mutter, so wächst das Kind dennoch heran und vollbringt den Aufbau des Menschen. Ein indisches Kind, das nach Amerika kommt und dort von Amerikanern aufgezogen wird, erlernt die englische Sprache und nicht die indische. Die Kenntnis der Sprache stammt also nicht von der Mutter, sondern das Kind eignet sich die Sprache sowie die Angewohnheiten und Gebräuche der Menschen an, unter denen es lebt. Es ist also nichts Ererbtes in diesen Eroberungen. Das Kind formt von sich aus den zukünftigen Menschen, indem es seine Umwelt absorbiert« (Montessori 2002, S. 13f.).*

➔ *Folgerungen*

Seine ideelle bzw. inhaltliche und praktische Umsetzung erfährt der »Innere Bauplan« dann, wenn das Kind Schutz, Freiheit und Unterstützung im Sinne der Aufforderung »Hilf mir, es selbst zu tun!« erfährt. Dieses Postulat setzt ein neues, von Vertrauen und Zutrauen geprägtes Erziehungsverständnis voraus, das die traditionelle vermittlungsorientierte Erzieherrolle überwindet und dem Kind einen aktiven Part zuweist.

»Sensible Perioden« – Alles zu seiner Zeit

Der Ursprung der eingehenden Beschäftigung Montessoris mit dem anthropologischen Phänomen »Sensible Perioden« geht auf eines ihrer eindrücklichen Schlüsselerlebnisse zurück. In diesem Fall war es die aufmerksame, von Montessori anschaulich zitierte Lektüre eines Forschungsberichts des niederländischen Insektenforschers Hugo de Vries:

> *»Nehmen wir als Beispiel das von de Vries zitierte unansehnliche Würmchen, als das sich die Raupe eines gewöhnlichen Schmetterlings präsentiert. Man weiß, daß die Raupen mit großer Geschwindigkeit heranwachsen, gierig fressen und daher Pflanzenschädlinge sind. De Vries verwies nun auf eine Raupenart, die sich während ihrer ersten Lebenstage nicht von den großen Baumblättern, sondern nur von den zartesten Blättchen an den Enden der Zweige zu nähren vermag. Nun legt aber der Schmetterling seine Eier gerade an der entgegengesetzten Stelle, nämlich dort, wo der Ast aus dem Baumstamm hervorwächst, denn dieser Ort ist sicher und geschützt. Wer wird den jungen, eben erst aus dem Ei gekrochenen Raupen sagen, daß die zarten Blätter, deren sie für ihre Ernährung bedürfen, sich draußen, an den entferntesten Enden der Zweige befinden? Siehe da, die Raupe ist mit starker Lichtempfindlichkeit begabt; das Licht zieht sie an, fasziniert sie. So strebt die junge Raupe mit ihren charakteristischen Sprungbewegungen alsbald der stärksten Helligkeit zu, bis sie am Ende der Zweige angekommen ist, und dort findet sie die zarten Blätter, mit denen sie ihren Hunger stillen kann. Das Seltsame aber ist, daß die Raupe sogleich nach Abschluß dieser Periode, sobald sie sich auf andere Art ernähren kann, ihre Lichtempfindlichkeit verliert. Bald läßt das Licht sie völlig gleichgültig. Der Instinkt stirbt ab. Er hat seinen Dienst getan, und die Raupe wendet sich jetzt anderen Wegen und anderen Nährstoffen zu. Es ist nicht so, daß die Raupe für das Licht unempfänglich, also im physiologischen Sinne blind geworden wäre; aber sie beachtet es nicht mehr« (Montessori 1987a, S. 48).*

Nach der Lektüre dieses beeindruckenden Berichts ging Montessori der Frage nach, ob sich das Raupen-Experiment auf den kindlichen Entwicklungsprozess übertragen lässt. Letztlich stellte sie im Rahmen ihrer diesbezüglichen Beobachtungsstudien tatsächlich fest, dass auch der kindliche Fähigkeitserwerb durch besondere Empfänglichkeitsperioden gekennzeichnet ist. Zur Veranschaulichung verglich Montessori diese

Perioden mit einem Lichtstrahl, der stets nur die Sachverhalte oder Gegenstände auszuleuchten vermag, die in dessen begrenztem erhelltem Fokus liegen, während andere Dinge aus dem peripheren Umfeld im Dunkeln verbleiben.

Nach Montessori sind diese »Scheinwerfer-Phasen« durch unterschiedliche Merkmale gekennzeichnet: Sie treten periodisch auf und vollziehen sich sprunghaft oder überlappend. Dies bedeutet, dass die »Sensiblen Perioden« von außen nur schwer zugänglich sind. Zu erkennen, in welcher »Sensiblen Phase« sich ein Kind gerade befindet, stellt nicht nur eine der wichtigsten, sondern überdies eine besonders schwierige pädagogische Herausforderung dar.

Denn die »Sensiblen Phasen« sind an äußere Reize gebunden, sie spielen beim Erwerb einer bestimmten Fähigkeit (z. B. des Lesens, Hüpfens oder Zählens) eine maßgebliche Rolle und sind zumindest teilweise irreversibel. Dies lässt sich zum Beispiel anhand der kindlichen Sprachentwicklung gut nachvollziehen: In aller Regel ist die Sprachsensibilität bei Kindern in den ersten drei Lebensjahren besonderes stark ausgeprägt. Bleiben einem Kind in dieser Zeit hinreichende Sprachbegegnungen und -erfahrungen verwehrt, wird es später mit einem weitaus größeren Aufwand verbunden sein, das Versäumte nachzuholen.

Demzufolge wird sich ein entsprechend betroffenes Kind nach Montessori später zwar artikulieren können. Jedoch wird es im kommunikativen Austausch mit Anderen zeitlebens nicht die sprachliche Qualität und Leichtigkeit erzielen, die es hätte erreichen können, wenn es in seiner frühkindlichen sprachsensiblen Phase die hierfür erforderlichen förderlichen Reize vorgefunden hätte.

Allerdings beschränken sich die »Sensiblen Phasen« keinesfalls allein auf den Erwerb von sprachlichen oder mathematischen Fähigkeiten. Vielmehr konnte Maria Montessori bei den von ihr beobachteten Kindern auch hinsichtlich anderer Befähigungen eigene, zeitlich begrenzte sensible Zeiträume beobachten, wie beispielsweise im sach- und naturkundlichen oder sozial-emotionalen Bereich. Die Sensibilitäten, welche sich im Rahmen ihrer Untersuchungen bei allen Kindern als zuverlässig erwiesen, fasste Montessori zu einem umfassenden *Entwicklungsmodell* zusammen, welches die Grundlage zu ihrem pädagogischen Konzept bildet (s. Abb. 2, S. 45 f.).

Nach Montessori birgt eine dauerhafte Missachtung der »Sensiblen Phasen« die Gefahr, beim Kind Stimmungsschwankungen wie Weinen und Launenhaftigkeit bis hin zu schwerwiegenden Entwicklungsstörungen wie Aggression oder Gewaltstreben auszulösen. Interessant ist, dass die von Maria Montessori beobachteten »Sensiblen Perioden« und die diesen innewohnenden Chancen und Risiken sinngemäß auch heute noch ihre Bestätigung finden:

> *»Es ist nutzlos oder womöglich sogar kontraproduktiv, Inhalte anzubieten, die nicht adäquat verarbeitet werden können, weil die entsprechenden Entwicklungsfenster nicht offen sind […]. Da bislang nur wenige Daten darüber vorliegen, wann das menschliche Gehirn welche Informationen benötigt, ist wohl die beste Strategie, sorgfältig zu beobachten, wonach Kinder fragen« (Spitzer 2002, S. 74).*

➔ *Folgerungen*

Wenn die menschliche Entwicklung durch »Sensible Perioden« gekennzeichnet ist, innerhalb derer bestimmte Fähigkeiten anhand passender Reize mühelos erworben werden und Entwicklungsrisiken minimiert werden können, dann bedürfen diese Phasen in der Erziehung und Bildung von Kindern einer besonderen Beachtung und Berücksichtigung.

»Nebule«, »Mneme« – Alles ist möglich

Wie oben bereits erwähnt, ist der Mensch nach Montessoris Auffassung nicht festgelegt, sondern durch ein hohes Maß an Weltoffenheit geprägt:

> *»Das Studium des Kindes hat uns dagegen zu einem endgültigen Ergebnis geführt, d.h. dass keine Vererbungsgesetze existieren und dass eine Kluft zwischen Menschen und Tieren besteht [...]. Der Mensch ist also frei von der Sklaverei der Vererbung und hat ein großes Potential latenter geistiger Energien zur Verfügung, die sich je nach Angebot der Umwelt entwickeln« (Montessori 1999, S. 10f.).*

Unter den geistigen Energien, von denen in diesem Zitat die Rede ist, versteht Montessori die Summe der unausgeprägten Möglichkeiten, die beim Menschen zum Zeitpunkt der Geburt vorhanden sind. Diese beim Neugeborenen angelegten Möglichkeiten streben zwar grundsätzlich nach Inhaltlichkeit, *ohne* jedoch bereits auf einen bestimmten Inhalt fixiert zu sein. Für diesen Kontext entlehnte Montessori den aus dem Englischen kommenden Begriff »Nebule«[12], dessen Bedeutung und Sprachklang das Vorhandensein von bewölkten oder nebelhaften Potenzialen thematisiert.

Diesen beim Kind zunächst nur nebelhaft vorhandenen Möglichkeiten ist eine weitere Geisteskraft zuträglich, die Montessori als »*Mneme*« bezeichnete.[13] Danach ist das menschliche Gehirn mit einem vitalen Gedächtnis ausgestattet, das in jeder Situation am besten selbst weiß und lernt, was für seinen eigenen Organismus lebensbedeutsam ist. So ist zum Beispiel jedem Neugeborenen die grundlegende Fähigkeit zum Erlernen einer Sprache gegeben, die in Abhängigkeit von seiner Umwelt unendlich viele Formen annehmen kann.

Dies gilt sinngemäß auch in allen anderen Bereichen, wie zum Beispiel für die mathematischen Fähigkeiten, die religiösen Einstellungen oder für die Fähigkeit, zwischen Gut und Böse unterscheiden zu können. Diese Sonderstellung des Menschen gegenüber dem Tier ist nach Montessori auf die postnatale Embryonalzeit des Men-

---

12 Der Begriff bedeutet im astronomischen Kontext »Nebelflecke«.

13 »Mneme« entstammt der griechischen Mythologie und steht für die Muse der Erinnerung.

schen zurück zu führen (s. o.), in welcher sich die nebelhaften Potenziale des Säuglings und Kleinkindes – in aller Stille – zu abrufbaren Fähigkeiten herausbilden:

> *»Hier begegnen wir einem grundlegenden Unterschied zwischen Mensch und Tier. Während das neugeborene Tier fast sofort die besonderen Laute seiner Rasse wiedergibt, für die es ein Erbmuster hat, bleibt das Kind ziemlich lange stumm. Danach spricht es die Sprache, die es in seiner Umgebung vorgefunden hat« (Montessori 2002, S. 73).*

> ➔ ***Folgerungen***
>
> Wenn das Kind zum Zeitpunkt seiner Geburt einerseits hilflos-bedürftig ist, zugleich aber über (noch) nicht ausgeschöpfte Möglichkeiten der Kraftentfaltung verfügt, ist an erster Stelle die Zuversicht seiner erwachsenen Bezugspersonen gefragt. Denn Selbstvertrauen in die eigenen Fähigkeiten entwickeln zu können setzt eine Spiegelung von außen nach innen voraus: Kindliche Potenziale haben dann die Chance zum Strahlen gebracht zu werden, wenn sie wahrgenommen, gewürdigt und von außen bestätigt werden.

»Absorbierender Geist«, »Horme«

Der Begriff »*Absorbierender Geist*« beschreibt die frühkindliche Fähigkeit, Eindrücke und Anregungen aus der Umwelt mühelos wie ein Schwamm aufzusaugen. Diesbezüglich ging Montessori von zwei Grundannahmen aus:

Zum einen war sie von der Überzeugung geleitet, dass der »Absorbierende Geist« unbewusst agiert, zum anderen sprach sie ihm zu, von nachhaltiger Dauer zu sein. Am Beispiel des Fremdsprachenlernens, des Erlernens eines Musikinstrumentes oder an der anspruchsvollen Ausübung einer Sportart lässt sich dies leicht nachvollziehen: Selbst der ambitionierteste Anfänger im Erwachsenenalter wird kaum in der Lage sein, ein Kind zu übertreffen, welches diese Tätigkeiten von Anfang an ausgeübt und lieben gelernt hat. Hierfür verantwortlich ist, dass der »Absorbierende Geist« weitaus mehr leistet als das oberflächliche Aufnehmen von Eindrücken und Impulsen aus der Umwelt. Vielmehr erfüllt dieser über die (unbewusste) Aufnahme und Verarbeitung der zentralen Impulse hinaus eine weitere wichtige Anpassungs- und Entwicklungsleistung:

> *»Das Kind hingegen erfährt eine Veränderung: die Eindrücke dringen nicht nur in seinen Geist ein, sondern formen ihn. Die Eindrücke inkarnieren sich in ihm. Das Kind schafft gleichsam sein ›geistiges Fleisch‹ im Umgang mit den Dingen seiner Umgebung [...] Das Kind tritt ins Leben ein und beginnt seine geheimnisvolle Arbeit; nach und nach prägt es seine wunderbare Persönlichkeit, die sowohl seiner Zeit als auch seiner Umwelt entspricht. Es baut seinen Geist auf, bis sich Stück für Stück das Gedächtnis bildet, die Fähigkeit zu verstehen und zu denken« (Montessori 2002, S. 23 und 25).*

Wie bereits erwähnt, ging Maria Montessori davon aus, dass sich das Kind aktiv an diesem, in ihm sich selbst vollziehenden Aneignungsprozess beteiligt (Klein 2003, S. 113). Eine maßgebliche Antriebsfeder für diese Aneignungsprozesse sieht Montessori darin, dass Kinder von Anbeginn an darauf ausgerichtet sind, die Welt neugierig und aktiv selbst zu erkunden. Diese Ausrichtung geht auf einen angeborenen Trieb zurück, der bewirkt, dass alle Kinder von ihrer ersten Lebensminute an lernen und die Welt aktiv mitgestalten wollen:

> *»Der Mensch ist darauf ausgelegt, neugierig die Welt zu erkunden. Dieser Trieb ist angeboren, d. h. alle Kinder bringen ihn mit, alle Kinder wollen lernen, wissen, mit gestalten, verändern« (Montessori 1987a, S. 59).*

Die hierfür notwendige Vitalität, die Montessori als »Horme« bezeichnete[14], ist bei jedem Kind individuell unterschiedlich stark ausgeprägt. Von großer Relevanz ist, dass dieser Trieb und die Möglichkeiten des »Absorbierenden Geistes« durch äußere Einflüsse bestärkt werden können. Andererseits besteht aber auch die Gefahr, die kindliche Neugier durch fehlende Anreize oder ein falsches, unreflektiertes Erziehungsverhalten zu schwächen und damit zu ihrer Verkümmerung beizutragen.

➔ ***Folgerungen***

Soll die kindliche Neugier gefördert und die »Saugkraft« des »Absorbierenden Geistes« unterstützt werden, bedarf es einer Umgebung, die über möglichst viele Sinnesanreize verfügt.

»Mathematischer Geist« – Ordnung und Struktur

Angeregt durch die Vorarbeiten des französischen Mathematikers Blaise Pascal (1623–1662), von dem Montessori den Begriff »*Mathematischer Geist*« übernommen hat (Tilmann 2003, S. 119), kam Maria Montessori zu einer wichtigen Grundeinsicht:

> *»[Betrachtet, E.S.] man das Werk derer, die in der Welt Spuren ihrer für den Fortschritt der Kultur nützlichen Erfindungen hinterlassen haben, wird deutlich, dass sie von einer Ordnung ausgingen, von einer Genauigkeit, die sie dazu geführt hat, etwas Neues zu schaffen. Auch auf dem imaginären Gebiet der Musik und Poesie finden wir eine exakte Basis, die als ›Metrum‹, das heißt Maß, bezeichnet wird« (Montessori, zitiert nach Tilmann 2003, S. 120).*

---

14 »Horme« steht in der griechischen Mythologie für eine Personifizierung energetischer Aktivitäten.

Wie im zweiten Kapitel (S. 20) erwähnt, wurde Maria Montessori schon in jungen Jahren mit der Aufgabe betraut, im Haushalt zu helfen. Dazu gehörte u. a. das wöchentliche Reinigen einer vorgegebenen Anzahl an Bodenfliesen. Dieser Arbeit widmete sich die kleine Maria dem Vernehmen nach stets gut gelaunt mit großem Einsatz. Besonders viel Freude hatte sie dabei, zu ermitteln, wie viele Fliesenreihen und Einzelfliesen sie bis zum Abschluss ihres Arbeitseinsatzes geschafft hatte. Dieser Hintergrund legt nahe, Montessoris Auffassung vom menschlichen Geist als »Mathematischem Geist« u. a. auch im Zusammenhang ihrer Kindheitserfahrungen zu betrachten. Denn letztlich entsprechen diese Erfahrungen Montessoris bedeutsamer These, wonach der Mensch von Natur aus nach Ordnung strebt, und dass allem späteren Denken und Verstehen Strukturierungs-, Systematisierungs- und Ordnungsprozesse vorausgehen:

> *»Für das Kind ist die Ordnung das, was für uns der Boden ist, auf dem wir stehen, was für den Fisch das Wasser ist, in dem er schwimmt. Im frühen Kindesalter entnimmt der Menschengeist seiner Umwelt die Orientierungselemente, deren er für seine späteren Eroberungen bedürfen wird« (Montessori 1987a, S. 64).*

Dieses Ordnungsstreben kommt nicht ausschließlich in der Mathematik und Musik, sondern auch im *Sprachgebrauch* zum Tragen. Die kindliche Entdeckung, dass Worte einen Bezug zur Welt haben, und die zunehmend ausdifferenzierte Fähigkeit, gesprochenes Wort und Welt aus freiem Willen miteinander in Beziehung setzen zu können, bildet die grundlegende Voraussetzung dafür, dass Menschen eine nationale und kulturelle Identität ausbilden können.

Darüber hinaus verfügt die *Sprache* aber auch über ein strukturelles Regelwerk, dessen Entschlüsselung in vielfältiger Weise durch ordnende Aktivitäten gekennzeichnet ist, wie zum Beispiel bei der Zuordnung einzelner Wörter zu einer bestimmten Wortfamilie, oder im Rahmen der Sprachschatzerweiterung anhand der Zusammenstellung von unterschiedlichen Wörtern zu bestimmten Wortfeldern.

Das folgende Zitat spricht dafür, dass Montessori ihrer Zeit auch mit dieser Erkenntnis offensichtlich weit voraus war:

> *»Mit das Schlimmste, was einem jungen Menschen passieren kann, ist das Fehlen von Struktur. Wenn Repräsentationen durch Strukturen in der Erfahrung entstehen, dann folgt, dass bei wenig äußerer Struktur eine innere gar nicht entstehen kann. Dies mag ein Grund dafür sein, dass kleine Kinder [...] nach Struktur geradezu schreien« (Spitzer 2002, S. 453).*

> ➔ ***Folgerungen***
> Das Vorhandensein eines Struktur gebenden, zum eigenen Ordnen anregenden Rahmens zählt zu den kindlichen Grundbedürfnissen. Je aufmerksamer dieses Grundbedürfnis gestillt, d. h. das Kind zum Ordnen, Strukturieren und zur Reflexion seines eigenen Ordnungshandelns angeregt wird, desto »aufgeräumter« und folglich förderlicher gestaltet sich sein Lern- und Entwicklungsprozess.

Sinnesentwicklung und Bewegung

Dass Maria Montessori die Förderung der kindlichen *Sinneswahrnehmung* im Erziehungsprozess als zwingend notwendig erachtete, erschließt sich aus den folgenden Grundüberlegungen:

> *»Die Sinne sind Kontaktpunkte mit der Umgebung, und der Verstand vervollkommnet sich im Gebrauch dieser Organe, indem er sich übt, die Umgebung zu beobachten, wie ein Pianist mit der gleichen Tastatur Töne erzeugen kann, die in unendlicher Perfektion variieren. So kann der Verstand durch die Sinne immer genauere und verfeinerte Eindrücke sammeln« (Montessori 1949/2008, S. 74).*

In ihrer Arbeit mit entwicklungsverzögerten Kindern erkannte Maria Montessori die grundlegende Bedeutung der Hand für die kindliche Sinneswahrnehmung. Ähnlich wie Kant (1724–1804) die Hand bereits zuvor als »Außenseite des Gehirns« würdigte, so bezeichnete Maria Montessori dieselbe als »Werkzeug menschlicher Intelligenz«. Folglich wirkt sich die hingebungsvolle Arbeit mit den Händen positiv auf die Intelligenzentwicklung und Charakterbildung des Kindes aus:

> *»Die Intelligenz des Kindes erreicht ein bestimmtes Niveau, ohne sich der Hand zu bedienen; mit der manuellen Tätigkeit erreicht es ein höheres Niveau; und das Kind, das sich der eigenen Hände bedient hat, hat einen stärkeren Charakter« (Montessori 1949/ 2008, S. 73).*

Je ausdifferenzierter die Hand zum Einsatz kommt, desto feiner können sich die Sinne ausprägen, und desto facettenreicher ist ein Mensch in der Lage wahrzunehmen und folglich auch zu agieren:

> *»Von der Schulung der Sinne zu den Begriffen, von den Begriffen zu den Gedanken, von den Gedanken zur Moral« (Montessori 2001, S. 34).*

Dieses Zitat weist auf die weitreichende Bedeutung der Sinnesentwicklung für das menschliche Leben als Ganzes hin, und es begründet in zweifacher Hinsicht einen hohen Anspruch. Zum einen betonte Montessori in diesem Zusammenhang die störungsfreie physiologische Entwicklung der Sinnesorgane im Säuglings- und Kleinkindalter. Darunter fällt vor allem die für ein gesundes Aufwachsen erforderliche Hygiene in einem umsorgenden Umfeld. Unter diesbezüglich guten Voraussetzungen entwickeln sich nach Montessori alle weiteren Sinneskräfte, d. h. die elementaren Fähigkeiten der Augen, Ohren und Nase sowie die der Geschmacksnerven und des Tastsinns ab der Geburt und in den ersten drei Lebensjahren von selbst.

Zum anderen strebt das Kind danach, diesen unkontrolliert-diffus erworbenen Reichtum an unbewussten Eindrücken einer inneren Ordnung zuzuführen:

> *»Das zweieinhalb- oder dreijährige Kind, das in unsere Kinderhäuser kommt, hat während der vorgehenden Jahre seines Lebens [...] eine Menge von Eindrücken gesammelt und absorbiert [...] Wesentliche und zufällige Eindrücke sind zusammen angehäuft und schaffen einen zwar konfusen, doch außerordentlich großen Reichtum in seinem Unterbewusstsein. Mit dem sich allmählich äußernden Bewusstsein und Willen ergibt sich ein zwingendes Bedürfnis, Ordnung und Klarheit zu schaffen und zwischen Wesentlichem und Zufälligem zu unterscheiden« (Montessori 2001, S. 113).*

Damit sind neben den physiologischen die psychologischen Momente der kindlichen Wahrnehmungsentwicklung angesprochen, d. h. die kognitiven Prozesse, die dem Kind das Erkennen, Verstehen und Einordnen der wahrgenommenen Eindrücke – und damit letztlich auch ihre Einschätzung oder Bewertung – ermöglichen.

Unabhängig davon, ob ein Kind sich seinen Umwelteinflüssen unbewusst und gedankenlos hingibt oder ob es sich in einem reflektierten, ordnenden Handlungsmodus befindet, bleibt die zweifelsfreie Erkenntnis, dass das kindliche Sein und Tun mit einem nicht enden wollenden Bewegungsdrang einhergeht. Die freudvolle Befriedigung dieses kindlichen Dranges wertete Montessori als unentbehrliche Voraussetzung für eine gesunde Sinnes- und Intelligenzentwicklung:

> *»Beobachtungen an Kindern aus aller Welt beweisen, dass das Kind seine Intelligenz durch die Bewegung entwickelt. Die Bewegung unterstützt die psychische Entwicklung, und diese Entwicklung findet ihrerseits Ausdruck in weiteren Bewegungen und Handlungen. Es handelt sich also um einen Zyklus, da Psyche und Bewegung der gleichen Einheit angehören« (Montessori 1949/ 2008, S. 72).*

> *»Ohne eine Zusammenarbeit der Intelligenz mit der Bewegung kann es [...] keine Erziehung der Sinne geben« (Montessori 1949/ 2008, S. 74).*

Den obigen Zitaten zufolge erfüllt die bei Kindern beobachtete immerwährende Umtriebigkeit, insbesondere die Betätigung der Hände, jedoch weit mehr als die Funktion, die Muskulatur und die Gelenke kräftig, locker und beweglich zu halten. Über die Bedeutsamkeit der Bewegung für das kognitive Lernen hinaus sprach Montessori der kindlichen Bewegungsfreude auch im Zusammenhang des kindlichen Seelenheils eine bedeutsame Rolle zu:

> *»Immer wieder muß auf die Wichtigkeit hingewiesen werden, die der Bewegung beim Aufbau der Seele zukommt. Man hat einen schweren Irrtum begangen, die Bewegung einfach den verschiedenen Körperfunktionen zuzurechnen, ohne hinlänglich zwischen dem Wesentlichen dieser Funktion und allen anderen – wie Verdauung, Atmung und so weiter – zu unterscheiden [...]. Wie falsch es wäre, die Bewegung lediglich von körperlichen Gesichtspunkten aus zu beurteilen, zeigt uns der Sport: Dieser hat nicht nur eine günstige Wirkung auf den körperlichen Zustand, sondern erfüllt seine Anhänger auch mit Mut und Selbstvertrauen, hebt ihre Moral und weckt enorme Begeisterung bei den Massen« (Montessori 1987a, S. 102).*

Dass die *Bewegung*, das *Denken* und das *Fühlen* aufs Engste miteinander verbunden sind und sich in einem nach harmonischer Vollendung strebenden, ganzheitlichen Entwicklungsprozess befinden, sah Montessori im Kontext ihrer zahlreichen Beobachtungsstudien und Experimente als erwiesen an. Zugleich hatte sie aber auch die möglichen, in den letzten Jahrzehnten zunehmend relevanten Fehlentwicklungen im Blick, die auch heute noch im Fokus der psychologischen Forschung stehen:

> *»Übereinstimmend wird in der Literatur hervorgehoben, dass umschriebene motorische Entwicklungsstörungen und Verhaltensauffälligkeiten auftreten. Schwedische Längsschnittuntersuchungen seit den 70er Jahren belegen, dass Aufmerksamkeitsstörungen meist mit motorischen Störungen, Sprech- und Sprachstörungen und Wahrnehmungsstörungen einhergehen« (Krombolz 2005, S. 546).*

➔ *Folgerungen*

Wenn sinnliche Erfahrung, Intelligenz und Bewegung eine sich gegenseitig befruchtende Einheit bilden, dann stellen Sinnes- bzw. Wahrnehmungserfahrungen und Bewegung die zentralen Voraussetzungen dafür dar, dass sich im Kind eine gesunde Entwicklung vollziehen und Lernen stattfinden kann.

»Polarisation der Aufmerksamkeit« – »Normalisation«

Den aus praxisbezogener Sicht zentralsten anthropologischen Punkt bildet das von Maria Montessori beobachtete Phänomen der »Polarisation der Aufmerksamkeit«, welches in der neueren Psychologie unter dem Begriff »flow« thematisiert wird (Csíkszentmihályi 2010).

Die Beobachtung dieses Phänomens geht auf eine Begebenheit zurück, die Montessori in den frühen Anfängen ihrer pädagogischen Arbeit an einem dreijährigen Mädchen beobachten konnte, das in ihre Arbeit mit Holzzylindern vertieft war.

Mit unglaublicher Konzentration wiederholte das Kind ein und dieselbe Arbeit immer und immer wieder. Dabei ließ es sich von keiner bewusst vorgenommenen »Störung« aus der Ruhe bringen. Selbst als Maria Montessori vorsichtig den Stuhl mitsamt dem darauf sitzenden Kind auf einen Tisch stellte und mit den anderen Kindern im Raum ein Lied anstimmte, ließ dieses sich nicht von seiner Arbeit abbringen. Bis das Mädchen seine Arbeit niedergelegte, hatte es den gleichen Handlungsvollzug insgesamt zweiundvierzig Mal vollzogen. Danach hielt es sichtlich befriedigt inne, so »als erwachte sie aus einem Traum und lächelte mit dem Ausdruck eines glücklichen, zufriedenen Menschen« (Montessori 1987a, S. 124).

Argwöhnische Kritiker Maria Montessoris deuteten diese Schilderungen als »Schieflage« ihres diagnostischen Blicks und mutmaßten, dieser sei auf ihre allzu lange Arbeit mit »schwachsinnigen Kindern« zurückzuführen. Sie selbst hingegen wertete ihre Beobachtung, der viele weitere vergleichbare an gesunden Kindern folgten, als selbstständige, innere Harmonie erzeugende Eroberung eines Stücks Lebenswirklichkeit:

> *»Es war dies der erste Spalt, der sich aus den unerforschten Tiefen der Kinderseele auftat. Da saß ein kleines Mädchen in dem Alter, in dem die Aufmerksamkeit für gewöhnlich ruhelos von einem Gegenstand zum anderen abirrt, ohne sich auf etwas Bestimmtes konzentrieren zu können; und doch hatte sich bei ihm eine solche Konzentration ereignet, war sein Ich für jeden äußeren Reiz unzugänglich geworden. Diese Konzentration war begleitet von einer rhythmischen Bewegung der Hand im Spiel mit genau und wissenschaftlich abgestuften Gegenständen. Ähnliche Vorfälle wiederholten sich, und jedes Mal gingen die Kinder daraus wie erfrischt und ausgeruht, voll Lebenskraft und mit dem Gesichtsausdruck von Menschen hervor, die eine große Freude erlebt haben. Die Fälle einer solchen beinahe bis zur völligen Abschließung von der Außenwelt gehenden Konzentration bildeten zwar nicht die Regel, doch bemerkte ich bald eine seltsame Verhaltensweise, die allen Kindern gemeinsam war und ungefähr gleichmäßig bei jeder Übung auftrat« (Montessori 1987a, S. 124 f.).*

Für Maria Montessori galt die bei »polarisierten« Kindern wahrnehmbare innere Ruhe als zentrale Voraussetzung dafür, in einen Zustand der Freiheit, Ausgeglichenheit, Selbstständigkeit, Selbstdisziplin und seelischen Gesundheit zu kommen. Nur aus dieser unbeschwerten Ausgangslage heraus, so lautete ihre tiefe Überzeugung, kann der kindliche Organismus zu einer nach innen, aber auch nach außen gerichteten sozialen Friedfertigkeit gelangen. Für diesen selbstversunken entspannten, ihrer Überzeugung nach durch erzieherische und bildungsbezogene Einflussnahme erzielbaren Stimmungsmodus prägte Maria Montessori den Begriff »Normalisation«.

Anders formuliert bildet die »Polarisation der Aufmerksamkeit« die grundlegende Voraussetzung dafür, dass sich der kindliche Organismus seines individuellen »Inneren Bauplans« gewahr und – im Sinne seines Auftrags als »Baumeister des Menschen« – aktiv werden kann.

➔ *Folgerungen*

Das Kind in die »Polarisation der Aufmerksamkeit« und zur »Normalisation« zu führen setzt voraus, zwei scheinbar gegensätzliche Prämissen, nämlich die Freiheit und die Bindung, zu einer harmonischen Einheit zu verknüpfen. Die Ausgeglichenheit, Selbstständigkeit, Selbstdisziplin und seelische Gesundheit eines Kindes beginnt, wenn es sich aus freien Stücken in einem geschützten und zugleich anregenden Rahmen an einen Gegenstand binden kann.

3.3 Zusammenfassung – das Entwicklungsmodell nach Montessori

Wenige Jahre vor ihrem Tod im Jahr 1952 arbeitete Maria Montessori intensiv an der Vervollständigung ihrer »Kosmischen Theorie« und ihres pädagogischen Gesamtkonzepts. Als Leitlinie hierzu dienten ihr die Entwicklungsphasen des Menschen, zu deren Veranschaulichung sie u. a. ein *Entwicklungsmodell* entwarf (s. Abb. 2).

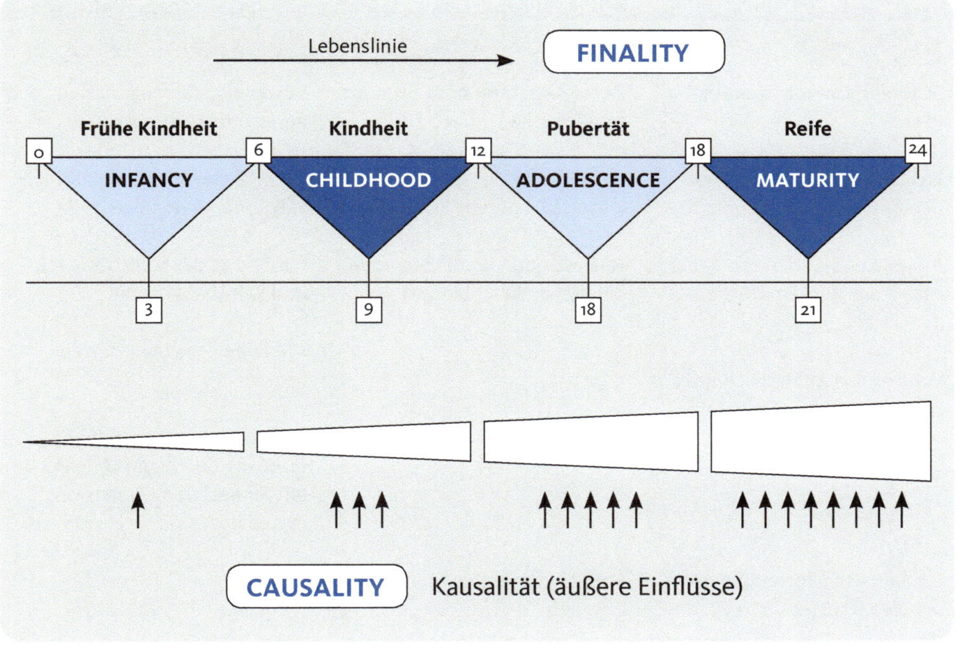

Abb. 2: Entwicklungsmodell (Erläuterungen im Text; vgl. Dunne 2004, 2. Umschlagseite)

Die horizontale schwarze Linie in Montessoris Modell symbolisiert die »Linie des Lebens«. Sie beginnt mit der Empfängnis und endet mit dem Tod.

Die vier Dreiecke verdeutlichen jeweils das Aufbrechen, den Höhepunkt und das Abklingen der vier großen Entwicklungshasen. Diese stehen für die vier sensitiven Perioden bzw. Entwicklungsphasen innerhalb des menschlichen Lebens.

Die hellblauen Dreiecke symbolisieren die kreativen, aktiven Phasen: Kleinkind-Zeit und Pubertät. Die dunkelblauen Dreiecke stehen hingegen für die stabilen Phasen, in denen sich die zuvor in den kreativen Phasen entfalteten Potenziale entwickeln: Kindheit und Reife-Alter.

Es zeigt sich also, dass Montessori die erste und dritte Phase (0 bis 6 bzw. 12 bis 18 Jahre) als Zeiten der großen Entwicklungssprünge mit hoher psychischer Labilität betrachtete, während die zweite und vierte Phase (6 bis 12 bzw. 18 bis 24 Jahre) durch ein ruhiges Wachsen mit hoher psychischer Stabilität gekennzeichnet sind.

Die sich nach hinten hin ausweitenden Felder und Pfeile stehen für die auf die kindliche Entwicklung zunehmend größer werdenden Einflüsse von außen (Kausalitäten).

Zusammenfassend betrachtet münden die »Kosmische Theorie« und die anthropologischen Grundannahmen Maria Montessoris in dem folgenden Erziehungs- und Bildungskonzept (Tab. 1–3).

1. Phase 0 bis 6 Jahre – Säuglings- und Kleinkindzeit (labil)		
Sensible Phase (Kennzeichen)	**Inhalte (Sensibilitäten)**	**Praktische Umsetzung**
Schöpferisch-konstruktive Phase	Bewegung, Ordnung/ Struktur und Sprache	Bewegungsräume schaffen, geregelter Tagesablauf
Basisbildung der kindlichen Persönlichkeit und Intelligenz	Entwicklung des eigenen Bewusstseins durch aktives Tun	Verlässliche Strukturen, Rituale, viel Kommunikation
Analyse und Verknüpfung der »absorbierten« Eindrücke aus der Umgebung Vom »unbewussten Schöpfer« zum »bewussten Arbeiter«	Analyse und Vervollkommnung des bisher Absorbierten	Förderung der Selbsttätigkeit und Selbstständigkeit »Übungen des täglichen Lebens« Sinnes- und Wahrnehmungsschulung durch den Umgang mit Sinnes- und Dimensionsmaterial
Streben nach Perfektion und sozialer Transfer	Soziale Integration in Kleingruppen	

2. Phase 6 bis 12 Jahre – Kindheit (stabil)		
Sensible Phase (Kennzeichen)	**Inhalte (Sensibilitäten)**	**Praktische Umsetzung**
Forscher- und Abenteuerneugier Phase der »hungrigen Intelligenz«	Bedürfnis nach Erweiterung der kindlichen geistigen, sozialen und kulturellen Vorstellungswelten Übergang zur Abstraktion, Erweiterung des Weltbildes, »Keim der Wissenschaften«	»Kosmische Erziehung« Panoramaartige Überblicke Entwicklungsmaterialien, die Staunen und den Blick auf das Ganze ermöglichen: Ankermodelle Meditation am Detail Erkennen von Zusammenhängen: Fragen nach dem »Wie?« »Warum?« und »Woher?« Ganzheitlicher, fächerübergreifender Unterricht Individualisiertes Lernen Verbindung von praktischer und theoretischer Arbeit
Moralische Sensibilität hinsichtlich »gut und böse«, »gerecht und ungerecht« Beurteilung eigener und fremder Handlungen Grundsätzliches Interesse an sozialen Zusammenhängen	Entstehung sozialen und moralischen Bewusstseins Sensibilität des Gewissens für Gerechtigkeit, soziale Organisation und Regelverhalten	Altersgemischte Gruppen Selbstständigkeit, Initiativlust, soziale Verantwortung Lernen in und außerhalb der Schule

3. Phase 12 bis 18 Jahre – Pubertät (labil)		
Sensible Phase (Kennzeichen)	**Inhalte (Sensibilitäten)**	**Praktische Umsetzung**
Zeit der Moralentwicklung, Ausbildung des Gewissens und der Verantwortung Wunsch, sich zur Geltung zu bringen (»Wer bin ich?«, »Wo ist mein Platz?«) Soziale Sensibilität und der Wunsch nach Einbindung und Selbstständigkeit	Bedürfnis nach Autonomie, Schutz und Geborgenheit Raum zum Allein- und Miteinandersein (Zeit für sich und die Gruppe) Bedürfnis nach Achtung, Selbstständigkeit und Wertschätzung gegenüber der eigenen Persönlichkeit Bedürfnis, die eigene Rolle in der Gesellschaft zu begreifen und ergreifen	Erdkinderplan – Erfahrungsschule des sozialen Lebens Bauernhof: Produktion Laden/Geschäft: Vertrieb, Warentausch, Kommunikation Gästehaus: Dienstleistung Schule: Fortführung und (wissenschaftliche) Erweiterung der »Kosmischen Erziehung«

Tab. 1–3: Entwicklung und Erziehung vom 1. bis zum 18. Lebensjahr (unter Bezugnahme auf Holstiege 1997, S. 13–14 und Raapke 2001, S. 60–61)

Mit diesen drei, jeweils von links nach rechts zu lesenden Tabellen schließt sich für dieses Kapitel der Kreis: Ausgehend von den Phasen, die den menschlichen Reifungsprozess im Ganzen kennzeichnen, über die Betrachtung der entwicklungsbezogenen Sensibilitäten im Einzelnen, wird der Blick wieder zurück auf den wesentlichen Kern des Ganzen gelenkt, d.h. auf die praktische Bildungs- und Erziehungsarbeit mit Kindern und Jugendlichen. Dieser Aspekt wird im nächsten Kapitel näher behandelt.

4. Montessori-Pädagogik anwenden und erleben

4.1 Vorbereitete Umgebung

Die »Vorbereitete Umgebung« gilt in der Montessori-Pädagogik als »entwicklungspädagogische Antwort auf die sensiblen Phasen eines Kindes« (Steenberg 2003, S. 265). Dies bedeutet, dass das Kind in seiner Umgebung die Dinge vorfinden und die Begegnungen erfahren sollte, die seinen jeweiligen Empfänglichkeitsphasen, Interessen und Entwicklungsbedürfnissen entsprechen.

Damit lässt sich die zentrale Zielsetzung der »Vorbereiteten Umgebung« im Hinblick auf den anthropologischen Gesamtzusammenhang wie folgt auf den Punkt bringen: Es geht darum, die bestmöglichen Voraussetzungen dafür zu schaffen, dass das Kind Momente der »Polarisation der Aufmerksamkeit« erfahren, zur »Normalisation« finden und sich insofern als »Baumeister des Menschen« im Sinne der angestrebten Supranatur entwickeln kann (vgl. S. 43).

Im Hinblick auf diese konzeptuelle Verankerung und unter Förderaspekten ist selbstredend, dass es nicht die Aufgabe des Kindes sein kann, sich der Umgebung anzupassen, sondern dass es vielmehr die Umgebung ist, die den aktiven Part einnehmen, sich den Bedürfnissen des Kindes anpassen und seine natürliche Entwicklung unterstützen sollte:

> *»Die Aufgabe der Umgebung ist nicht, das Kind zu formen, sondern ihm zu erlauben, sich zu offenbaren« (Montessori 1987b, S. 173).*

Diese Einschätzung entspricht den Erkenntnissen der aktuellen Hirnforschung:

> *»Wer Lernen für einen passiven Vorgang hält, der sucht nach dem richtigen Trichter. Wer aber Lernen als eine Aktivität versteht […], der sucht keinen Trichter, sondern denkt über die Rahmenbedingungen nach, unter denen diese Aktivität am besten stattfinden kann« (Spitzer 2002, S. 4).*

Eine Umgebung, die diesem Selbstoffenbarungsanspruch gerecht werden will, orientiert sich im Kontext der Montessori-Pädagogik an den folgenden *Leitprinzipien*:

- *Im Mittelpunkt das Kind:* Anerkennung der kindlichen Empfänglichkeiten (»Sensible Perioden«) als grundlegender Gestaltungsmaßstab
- *Freiheit:* Gewährung von Freiräumen zur individuellen Inanspruchnahme und Ausgestaltung

- *Sozialerfahrung:* Gestaltungsspielräume für den Umgang mit anderen Menschen und mit sich selbst
- *Welterschließung:* Auseinandersetzung mit spezifischen Materialien und Phänomenen
- *Klare Strukturierung:* Die zur »Vorbereiteten Umgebung« gestalteten Räume verfügen über einen für Kinder überschaubaren Ordnungsrahmen und bieten Sicherheit.

Eine nach diesen Kriterien gestaltete Umgebung stellt alles andere als eine pädagogische »Kuschelecke« dar. Vielmehr zeigt sich bei näherer Betrachtung, dass es sich um genau das Gegenteil handelt: Ein solcher Lernkontext konfrontiert Kinder mit hohen Leistungsanforderungen. Entsprechend ging auch Montessori davon aus, dass das Kind in der »Vorbereiteten Umgebung« intensive geistige Tätigkeiten vollzieht, für deren Bezeichnung sie den Begriff »Arbeit« besser eignet hielt als den des »Spiels«.

Allerdings unterscheidet sich die Arbeit des Kindes nach Montessori maßgeblich von jener der Erwachsenen: Während die Arbeit des Erwachsenen zumeist externen Reizen und Zielen folgt, die außerhalb ihrer eigentlichen Tätigkeit liegen, ist diejenige, welche das Kind im Rahmen der genannten vier Entwicklungsstufen durchführt, intrinsisch motiviert und stets bezogen auf die kognitive Entwicklung sowie den Aufbau der eigenen Persönlichkeit (Kap. 3, S. 32 f.).

Vor diesem Hintergrund wird deutlich, dass sich die mit der »Vorbereiteten Umgebung« verknüpfte Zielsetzung keinesfalls darin erschöpft, einen Arbeits- und Gestaltungsraum im funktionalen Sinne zu repräsentieren. Weitaus bedeutsamer scheint der ideelle Anspruch, das Kind vor Herausforderungen zu stellen, die es unter förderlichen Bedingungen über sich selbst hinauswachsen lassen:

> *»Was tun wir als erstes, um den Kindern zu einer Rekonstruktion [ihrer individuellen Potenziale, E.S.] zu verhelfen? Wir bereiten eine Umgebung vor, die reich an interessanten Aktivitätsmomenten ist. Wir eröffnen einen Arbeitsweg, der höhere Dinge aufweist als die, von denen man bis jetzt annahm, sie seien für dieses Alter genügend« (Montessori, 1987b, S. 159).*

Im Idealfall orientiert sich die Gestaltung einer »Vorbereiteten Umgebung« an den folgenden Voraussetzungen:

- Der Gruppen- bzw. Klassenraum verfügt über eine möglichst helle, freundliche Atmosphäre.
- Die Kinder werden zur Mitgestaltung ihres Lern- und Lebensraumes eingeladen.
- Es gibt Rückzugsmöglichkeiten und es ist hinreichend Platz zur freien Bewegung vorhanden.
- Die Anordnung des Mobiliars erfolgt so, dass individuelles und gemeinsames Lernen stattfinden kann.

- Es gibt Ausstellungs- bzw. Ablageflächen sowie mobile Teppichstücke, um Arbeiten auf dem Boden ausführen zu können.
- Die Türen stehen nicht nur räumlich offen, um den Gang als Arbeitsfläche einbeziehen zu können. Vielmehr sind die Türen auch im Sinne geistiger Offenheit und Herzlichkeit geöffnet, damit sich das Gefühl der Geborgenheit und des Sich-Wohlfühlens einstellen kann.
- In den Regalen befinden sich in vielerlei Hinsicht inhaltlich und didaktisch anspruchsvolle Materialien zu unterschiedlichen Bereichen, die zur aktiven Auseinandersetzung mit Kulturgütern und mit den Gesetzmäßigkeiten der Natur anregen.

Da kein Kind in der Lage ist, eine derart anspruchsvolle Umgebung selbst zu gestalten und zu nutzen, ist es auf die kompetente Unterstützung von Erwachsenen angewiesen:

> *»Das Kind weiß nicht, wie es sich diese Umgebung selbst schaffen soll. Nur der Erwachsene kann es tun, und das ist die einzige tatsächliche Hilfe, die man dem Kind geben kann« (Montessori 1934/2008, S. 29).*

Bevor in den nächsten Kapiteln näher auf den großen Bereich der Montessori-Materialien und die wichtige Rolle der Erzieherin bzw. Lehrkraft eingegangen wird, greift das folgende Unterkapitel einen weiteren wichtigen Aspekt auf, der in den bisherigen Ausführungen nur am Rande angeklungen ist.

Gemeint ist der Spannungsbogen zwischen der Freiheit des einzelnen Individuums und den Ansprüchen, die an ein friedliches Zusammenleben mit anderen Menschen geknüpft sind. Letztlich nimmt dieser Gegensatz nicht nur im Kontext der »Vorbereiteten Umgebung«, sondern in jeglicher pädagogischer Praxis einen zentral bedeutsamen Stellenwert ein.

Freiheit und Bindung, Freiarbeit

Welche erziehungspraktische Perspektive das Montessori-Konzept hinsichtlich des allenthalben kritischen Verhältnisses zwischen Individuum und Gemeinschaft einnimmt, verdeutlicht die folgende Szene aus dem pädagogischen Alltag einer Montessori-Schule:

Beispiel

Die Schulglocke läutet. Die Lehrerin begrüßt jede bzw. jeden ihrer 24 Schülerinnen und Schüler beim Eintritt in den Klassenraum per Handschlag und mit einem freundlichen Lächeln. Alle sollen sich willkommen und wahrgenommen fühlen, und schon fängt die Freiarbeit an:

Die meisten Kinder wenden sich routiniert ihren laufenden, d. h. noch nicht abgeschlossenen Arbeiten zu. In aller Ruhe werden die Schreibutensilien ausgepackt und die Arbeitsmaterialien von den Ablagetischen geholt. Danach richten sich die Kinder allein oder in kleinen Gruppen an ihren Sitzplätzen, Gruppentischen oder auf einer Bodenteppich-Insel ein und beginnen selbstständig und diszipliniert mit den zu erledigenden Mathematik-, Deutsch- oder Sachaufgaben. Die Mädchen und Jungen arbeiten unterschiedlich schnell bzw. langsam, und sie sind ebenso unterschiedlich, d. h. mehr oder weniger konzentriert bei der Sache.
Einige Kinder arbeiten sehr konzentriert und gewissenhaft und scheinen dabei ausgeglichen und zufrieden. Andere wiederum schwanken zwischen kürzeren intensiven Arbeitsphasen und Ablenkung. Trotz Unterbrechungen bleiben auch diese Kinder an ihren Aufgaben, kommen aber in entsprechend kleineren Schritten und folglich auch langsamer voran.
Jonas, Marie und Sarah sind am Tag zuvor mit einer großen Arbeit fertig geworden und suchen an den Regalen nach der nächsten Herausforderung. Sobald sich die drei Kinder gemeinsam für ein passendes Arbeitsmaterial entschieden haben, bringen sie dieses an ihren Arbeitsplatz und beginnen mit der Arbeit.
Neben den auf unterschiedliche Weise aktiven Schülerinnen und Schülern gibt es jedoch noch zwei weitere Kinder, die den Anschein erwecken, sich am falschen Ort zu fühlen. Timo und Bea laufen achtlos an den Regalen entlang und nehmen das eine oder andere Material heraus, um dieses – scheinbar desinteressiert – sogleich wieder zurück zu stellen. Kurz darauf boxt Timo einer offensichtlich konzentriert arbeitenden Mitschülerin verstohlen in den Rücken, während Bea einer anderen Klassenkameradin einige Perlenstangen vom Tisch wischt.

Wie lässt sich diese Alltagssituation deuten? Zunächst ist zu bedenken, dass sich alle Kinder in der Freiarbeit befinden: Jedem einzelnen Kind wird die Freiheit zugestanden, selbst zu entscheiden, womit es sich auf welche Weise mit wem und wie lange beschäftigen möchte.

Das heißt, welchem Fach und Thema bzw. Material sich die Mädchen und Jungen zuwenden, ob sie allein, zu zweit oder in der Gruppe daran arbeiten, ob sie ihre Aufgaben am Tisch, auf dem Boden oder an einem anderen Ort der zur Verfügung stehenden Arbeitsflächen erledigen, und wie viel Zeit sie sich für die Erledigung ihrer Aufgaben nehmen wollen, bleibt jedem einzelnen Kind selbst überlassen.

Betrachten wir unter diesen Voraussetzungen zunächst den großen Teil der Kinder, die ihren Freiraum im Sinne des Montessori-Konzepts bereits nutzen können: Diese Kinder sind selbstständig, bewegen sich frei und wollen etwas lernen; es ist ihnen ein Bedürfnis, in ihrer Arbeit voranzukommen und sich unter Einsatz ihrer individuellen Möglichkeiten selbst zu beweisen. Folglich fällt es diesen Kindern leicht, sich aus freien Stücken selbstdiszipliniert, hingebungsvoll und zielstrebig mit ihren Aufgaben bzw. Arbeitsmaterialien auseinanderzusetzen, oder – anders formuliert – eine Bindung mit den anstehenden Herausforderungen einzugehen.

Besonders deutlich tritt diese Bindung in Erscheinung, wenn eine Passung zwischen »Sensibler Periode« und Arbeitsgegenstand besteht. Denn in diesen konzentrierten Momenten befindet sich ein Kind auf dem Höhepunkt seiner Arbeit, d. h. im Zustand der »Polarisation der Aufmerksamkeit«. Aber auch die Kinder, die grundsätzlich oder situativ noch nicht ganz so weit sind, die sich noch ablenken lassen und phasenweise von ihrer Arbeit abschweifen, erbringen eine Bindungsleistung, sofern sie sich nach einer Unterbrechung wieder in ihre Arbeit einfinden. In diesen Fällen liegt die große erzieherische Aufgabe allein darin, die Kinder in ihrem Freiheitsdrang zu bestärken und sie vor störenden Einflüssen zu bewahren, damit sie in ihrem natürlichen Eroberungs- und Entwicklungsprozess voranschreiten können.

Schauen wir uns nun aber auch noch die zwei scheinbar überforderten Kinder Timo und Bea an: Ziellos bewegen sich die beiden im Klassenraum, weder dazu fähig, sich einer Arbeit, noch einem anderen Kind gewinnbringend zuzuwenden. Hilflos und unglücklich wirken sie dabei, unsicher und verloren. Diese beiden Kinder sind offensichtlich noch nicht in der Lage, den ihnen zugestandenen Freiraum zu nutzen und sich darauf einzulassen, eine entwicklungsförderliche Bindung mit einem Lerngegenstand einzugehen. Vielmehr geschieht das Gegenteil des Erwünschten, denn mit ihrem störenden Verhalten verärgern bzw. enttäuschen die Kinder ihre Mitschüler und Mitschülerinnen sowie die Lehrkraft. Damit aber bringen sie sich in Misskredit und schaden sich letztlich selbst.

Dass dies nicht im Sinne der Montessori-Pädagogik sein kann, liegt auf der Hand. Insofern stellt sich die Frage, welches Erziehungshandeln in diesen Situationen in der Montessori-Arbeit als angemessen gilt. Die kurze Antwort lautet: Auf jeden Fall ein anderes erzieherisches Verhalten als herkömmlicherweise erwartet oder angenommen. Anstelle mit Bestrafung oder falsch verstandener Toleranz reagiert die Montessori-Erzieherin bzw. die Montessori-Lehrkraft mit Zuwendung, ohne es an Bestimmtheit hinsichtlich ihrer Leistungserwartungen fehlen zu lassen. Schauen wir uns die nächste Szene an, um näher zu erfahren, was hiermit gemeint ist:

Beispiel

Die Lehrerin sieht sich das Treiben der Kinder eine Weile an, um sich ein möglichst genaues Bild von der Situation machen zu können. Danach geht sie wie folgt auf die Kinder zu: »Ihr beiden, ich beobachte euch jetzt seit einer Weile und habe dabei den Eindruck gewonnen, dass es euch gar nicht gut geht. Ich glaube, das hat damit zu tun, dass ihr selbst am besten wisst, dass ihr euch nicht so verhaltet, wie es unseren Klassenregeln entspricht. Ich fordere euch daher dazu auf, sofort damit aufzuhören, die anderen Kinder bei der Arbeit zu stören und euch in der Pause bei ihnen zu entschuldigen. Oder gibt es vielleicht noch einen anderen Grund für euer Verhalten, den ich wissen sollte?« Sofern die Kinder reden wollen, geht die Lehrerin darauf ein, falls nicht, fährt sie mit ihrer Rede fort: »Wie ich sehe, tut ihr euch schwer damit, eine Aufgabe oder ein interessantes Material zu finden.« Die Lehrerin nimmt Timo an die Hand. »Komm, Timo, ich begleite dich. Vielleicht kann ich dir ja bei der Suche nach einer passenden Aufgabe behilflich sein. Und du Bea, du holst in der Zwischenzeit dein Buchstabenheft heraus und schreibst an den L-Zeilen weiter. Nach meinem Rundgang mit Timo komme ich wieder zu dir.« Die Lehrerin orientiert sich mit Timo an den Regalen, bietet einige Materialien an, von denen sie glaubt, sie könnten Timos Interesse wecken. Nachdem Timo sich für ein Material entschieden hat, bringt er es an seinen Platz und die Lehrerin beginnt, damit zu arbeiten, oder – sofern es sich um ein für Timo bisher unbekanntes Material handelt – in die Handhabung des

Materials einzuführen. Timo schaut und hört aufmerksam zu und wird zunehmend aufgeweckter in seinen Bewegungen. Jetzt hat die Lehrerin den Eindruck, dass Timo sich konzentrieren kann bzw. die Systematik des Materials erfasst hat und den aktiven Part übernehmen möchte. Sie schaut dem Jungen noch eine kurze Weile Anteil nehmend zu, verschafft sich Gewissheit und steht danach auf. Abschließend wirft die Lehrerin Timo einen bestätigenden Blick zu und verabschiedet sich: »Jetzt bist du in deiner Arbeit angekommen, und du machst das ganz prima. Kann ich dich jetzt allein weiterarbeiten lassen und Bea weiterhelfen?« Timo bejaht und kann sich nun auf seine Aufgabe konzentrieren, während die Lehrerin sich zu Beas Arbeitsplatz begibt.

In dieser idealtypischen Situation ist es der Lehrkraft offenkundig gelungen, Timo zu einer Bindung an seine Aufgabe zu verhelfen, aber es hätte auch anders kommen können. Denn auch wenn der pädagogische Alltag in Montessori-Einrichtungen häufig von derartigen Erfolgen bestimmt ist, stellen sich zuweilen durchaus auch Misserfolge, Unsicherheiten und Selbstzweifel ein. So kann es zum Beispiel vorkommen, dass ein Kind selbst den interessantesten Anregungen gegenüber immun bleibt. Allerdings zeigt die Erfahrung, dass diese kritischen Fälle die Ausnahme bilden. Dies liegt vermutlich daran, dass noch nicht bindungsfähigen Kindern (wie zum Beispiel Timo) in vergleichbaren Situationen erfahrbar wird:

»Die Lehrerin nimmt mich wahr, ich bin ihr wichtig, sie nimmt sich Zeit für mich ganz allein. Die Lehrerin mag mich, und auch wenn ich mich einmal daneben benehme, beschimpft und bestraft sie mich nicht, sondern geht wertschätzend mit mir um. Sie will, dass ich für mich selbst lerne, und sie traut mir auch zu, dass ich es kann«.

In derartigen selbstbestimmten und Zutrauen bestätigenden Freiheitserfahrungen liegt nach Maria Montessori der Schlüssel zur Selbstbildsamkeit:

> *»Die Freiheit unserer Kinder hat als Grenze die Gemeinschaft, denn Freiheit bedeutet nicht, dass man tut, was man will, sondern Meister seiner selbst zu sein. Die Freiheit ist dann erlangt, wenn das Kind sich seinen inneren Gesetzen nach, den Bedürfnissen seiner Entwicklung entsprechend, entfalten kann. Das Kind ist frei, wenn es von der erdrückenden Energie des Erwachsenen unabhängig geworden ist. Dieses Freiwerden ist weder eine Idee noch eine Utopie, sondern eine oft erfahrene Tatsache. Es ist eine Wirklichkeit, die wir dauernd erleben. Wir schließen damit nicht die Notwendigkeit der Kulturübermittlung noch die notwendige Disziplin und auch nicht die Notwendigkeit des Erziehers aus. Der Unterschied ist allein der, dass in dieser Freiheit die Kinder voll Freude arbeiten und sich die Kultur durch eigene Aktivität erwerben, dass die Disziplin aus dem Kind selbst entsteht« (Montessori 1934/2008, S. 32).*

4.2 Materialeinsatz als Schlüssel zur Welt

Gemäß allgemeiner Lehrmeinung befasst sich die Didaktik »vorwiegend mit Fragen der Planung, Gestaltung, Auswertung und Optimierung schulischer und außerschulischer Lehr-Lernprozesse« (Horn et. al. 2012, S. 270).

Wie in jeder an der Erziehungswirklichkeit orientierten Pädagogik geht es auch im reformpädagogischen Kontext der Montessori-Pädagogik darum, das Lernen der Kinder förderlich zu gestalten. Allerdings steht hier nicht der gute Unterricht im technokratischen Sinn, sondern die Würde, Freiheit, Natur und Entwicklungsfähigkeit des lernenden Kindes im Zentrum der Auseinander- und Zielsetzungen.

Während die diesbezüglichen Grundannahmen im anthropologischen Gesamtzusammenhang des pädagogischen Konzepts Maria Montessoris fest verankert sind (s. Kap. 3, S. 32 f.), repräsentiert die »Vorbereitete Umgebung« die pädagogisch-didaktische Antwort darauf, auf welche Weise dem natürlichen Lern- bzw. Entwicklungsprozess des Kindes im pädagogischen Alltag Rechnung getragen werden sollte.

Didaktische Prinzipien

Diesbezüglich ging Maria Montessori von den folgenden pädagogisch-didaktischen Prämissen aus:

→ *Jedwedes Erziehungshandeln würdigt die grundsätzliche Freiheit und Unabhängigkeit des Kindes, strebt dessen Selbsttätigkeit an und zielt auf die Entwicklung des kindlichen Charakters:*

> *»Diese Erziehung muss auf Freiheit basieren, da es nötig ist, die Gesetze der Entwicklung zu respektieren. Diese Erziehung muss auf Unabhängigkeit basieren, denn wenn der Mensch abhängig ist, existiert er nicht als tätiges Individuum. Der Zweck dieser Erziehung ist die Entwicklung des Charakters, sodass der Mensch zum Herrn seiner selbst und sich seiner Handlungen sicher wird« (Montessori 1947/2008, S. 116).*

→ *Eine gedeihliche Entwicklung dieser Freiheit im Sinne der kosmischen Theorie setzt voraus, allen Kindern die großen Zusammenhänge der Welt gleichermaßen und auf jeweils zeitgemäße Art und Weise erfahrbar zu machen:*

> *»Es ist offensichtlich, dass der Lehrplan nicht willkürlich sein kann, sondern er muss eine Basis haben, die für alle Kinder dieselbe ist und die eine intellektuelle Anpassung an unsere heutige Zeit sucht und schafft [...]. Sie [die Kultur, E.S.] muss auch zu einer Vereinigung und Wechselbeziehung all der Fächer führen, die heute als getrennte Gegenstände erlernt werden. Das Studium all dieser Gegenstände muss zu einem Verständnis der Einheit der Welt und einem Verständnis des Evolutionsstandes der heutigen Menschheit führen« (Montessori 1947/2008, S. 116).*

→ *Die Vergegenwärtigung des Ganzen als auch der Details nimmt im Zusammenhang der »Vorbereiteten Umgebung« allgemein und insbesondere im Rahmen der Kosmischen Erziehung eine bedeutsame Rolle ein:*

»Was es [das Kind, E.S.] lernt, muss interessant und faszinierend sein. Man muss Großes bringen: Am Anfang wollen wir ihm die ganze Welt geben [...] Die geringsten Details werden interessant, wenn sie als Teil eines Ganzen dargestellt werden; das Interesse wächst umso mehr, je mehr man von den Details weiß« (Montessori 1947/2008, S. 121).

»Jedes Detail ist deshalb von Interesse, weil es eng mit anderen Details verbunden ist. Wir können das Ganze mit einem Tuch vergleichen, in dem jedes Detail eine Stickerei darstellt, während sich das Ganze zu einem wunderbaren Gewebe zusammenfügt« (Montessori 1947/2008, S. 122).

»Man studiert die Wirklichkeit des Details, und dann stellt man sich das Ganze vor. Dieses Detail kann in der Vorstellungskraft wachsen und die Erkenntnis des Ganzen bewirken« (Montessori 1947/2008, S. 119).

»Dies ist ein wesentlicher Erziehungsgrundsatz: Einzelheiten lehren bedeutet Verwirrung stiften. Die Beziehung unter den Dingen herstellen bedeutet Erkenntnisse vermitteln« (Montessori 1948/2008, S. 123).

→ *Zur Sensibilisierung für das Ganze und die Details werden profunde Lerngegenstände benötigt, die an die individuellen Entwicklungsstände und Ausgangslagen der Kinder anpassbar sind:*

»Jedes Fach, wie zum Beispiel Rechnen, Grammatik, Geometrie, Naturwissenschaften, Musik und Literatur, muss in den äußeren Gegenständen durch eine systematische, wohldefinierte Konstruktion dargeboten werden. Zur ursprünglichen, hauptsächlich psychologischen Arbeit muss also die Mitarbeit von Spezialisten jedes einzelnen Faches hinzutreten, damit die Gesamtheit der notwendigen und ausreichenden Mittel festgelegt wird, die die Selbsterziehung hervorrufen. Darin besteht die experimentelle Vorbereitungsarbeit, die jenes Entwicklungsmaterial festlegt, jene äußeren Abdrücke, die zur Entwicklung des inneren Lebens notwendig sind und die in ihrem Aufbau genau den psychischen Aufbaubedürfnissen [des Kindes, E.S.] entsprechen müssen« (Montessori 1916/2008, S. 118).

Unterrichtsmittel in diesem Sinne, insbesondere diejenigen zur Sinnes- und Wahrnehmungsschulung, verstand Maria Montessori als *Entwicklungsmaterialien*, die dem Kind – wie eine Leiter – Stufe für Stufe zu seinem Aufstieg verhelfen.

Über diese basalen didaktischen Ansprüche hinaus sind die von Maria Montessori entwickelten Freiarbeits-Materialien durch die folgenden *Qualitätsmerkmale* gekennzeichnet.

Qualitätsmerkmale der Freiarbeitsmaterialien

- *Isolierung einer einzigen Eigenschaft*, d. h. jedes (Sinnes-)Material repräsentiert für sich genommen jeweils nur eine einzige Schwierigkeit. Dahinter steht Montessoris Überlegung, dass es sich bei vielen Lernmaterialien nicht um Materialien aus der unmittelbaren Umwelt des Kindes handelt, sondern um »künstliche« Materialien, deren Konzeption bewusst erfolgte. Warum ist dieser Aufwand notwendig – warum nimmt man zum Beispiel nicht kleine Baumrindenstücke oder Hölzer zur Unterscheidung von »rau und glatt« oder Streichhölzer oder Nüsse zur Einführung der Zahlen? Der Grund hierfür ist die Zielsetzung, eine »Neutralisierung« der Lerngegenstände zu gewährleisten. Gewicht, Farbe, Geruch, Zahl sind zunächst einmal »abstrakte Ideen«, hinter denen sich alles Mögliche verbergen kann. Zur Verbildlichung dieses Anspruchs bediente sich Maria Montessori der Metapher »synthetische Begriffe des Geistes«. Der Geist sondert aus konkreten Gegenständen gleichsam eine Eigenschaft heraus, die nicht für sich allein, sondern stets in Verbindung mit unterschiedlichen konkreten Gegenständen existiert. Zur Verdeutlichung dienen folgende Beispiele: Geht es zum Beispiel um das Unterscheidenlernen unterschiedlicher Farbnuancen anhand von verschiedenfarbig lackierten Holztäfelchen, so müssen andere Schwierigkeiten, wie zum Beispiel die Unterscheidung von groß und klein, dick und dünn oder rau und glatt ausgeblendet bleiben. Das heißt, alle farbigen Holztäfelchen müssen gleich groß und gleich dick sowie aus dem gleichen Holz angefertigt sein, damit das Kind sich auf die Aufgabe »Farbnuancen erkennen« konzentrieren kann und sein Sehsinn nicht von anderen Reizen abgelenkt wird. Auch Autos, Äpfel, Nüsse oder Birnen sind konkrete Gegenstände. Das Mathematik-Material »Goldene Perlen« hingegen repräsentiert die »Materialisierte Abstraktion«, denn diesen liegt die abstrakte Idee »Zahl« zugrunde. Nach Montessori lässt sich bei diesem Verfahren »eine große Klarheit bei der Differenzierung der Dinge erreichen, und es ist offenkundig, dass gerade Klarheit die Grundlage für das Interesse am ›Unterscheiden‹ bildet« (Montessori 1909/2008, S. 111).
- *Eigene Fehlerkontrolle,* d. h. das Kind soll sein Arbeitsergebnis unmittelbar nach Abschluss seiner Arbeit sowie unabhängig von der Erzieherin oder Lehrkraft selbst kontrollieren können (vgl. Abb. 3, S. 58). Nicht die pädagogische Fachkraft soll das Kind auf seine Fehler aufmerksam machen, sondern die Materialien sollen möglichst so beschaffen sein, dass sie die unabhängige Fehlerkontrolle durch das Kind erlauben. Zur Verdeutlichung des mit diesem Materialmerkmal verknüpften didaktischen Prinzips führt Montessori das Beispiel der falsch geschlossenen Knopfreihe an: Wird ein Knopf vergessen, fällt der Fehler am Schluss dadurch auf, dass ein Knopfloch leer bleibt. Entsprechend werden dem mit den »Einsatzzylindern« arbeitenden Kind die ggf. unterlaufenen Fehler dann offenbar, wenn am Ende ein oder mehrere Blöcke übrig und die entsprechenden Aushöhlungen leer geblieben sind. Dieser verantwortliche Umgang mit seinen eigenen Fehlern führt das Kind nach Montessori dazu, »bei seinen Übungen überlegt, kritisch, mit einer an Ge-

nauigkeit immer stärker interessierten Aufmerksamkeit, mit einer verfeinerten Fähigkeit, kleine Unterschiede zu erkennen« (Montessori 1909/2008, S. 112). Ein Kind, das diesen Status erreicht hat, handelt nach Montessori selbsttätig, unabhängig und frei.

Abb. 3: Formen der Fehlerkontrolle (Quelle: Hedderich 2001, S. 41)

- *Ästhetik* steht für die Anziehungskraft, die von den Montessori-Materialien ausgeht. »Farbe, Glanz, Harmonie der Formen, all dies wird bei den Dingen gepflegt, die das kleine Kind umgeben. Nicht nur das Sinnesmaterial, sondern die gesamte Umgebung ist so vorbereitet, dass sie die Kinder anzieht, genauso wie in der Natur die farbigen Blütenblätter dies bei Insekten tun, damit sie den verborgenen Nektar aussaugen« (Montessori 1909/2008, S. 112f.). Der tiefere Sinn dieser Ästhetik liegt darin, dass die Kinder sich eingeladen und dazu angeregt fühlen sollen, die verfügbaren Lerngegenstände pfleglich zu behandeln, sich mit ihnen auseinanderzusetzen und sich auf die frei gewählten Aufgaben einzulassen.
- *Aktivität* – dieses Qualitätsmerkmal strebt an, die Aktivität der Kinder zu erhalten. Dies setzt voraus, dass sich die Auseinandersetzung mit den Materialien interessant gestaltet. Dieser Anspruch geht weit über die Ästhetik und Anziehungskraft hinaus: »Ein wunderschönes Spielzeug, ein anziehender Anblick, eine erstaunliche Erzählung können zweifellos das kindliche Interesse auf sich lenken, doch wenn das Kind einen unveränderlichen Gegenstand nur ›sehen‹ oder ›hören‹ oder ›anfassen‹ darf, ist sein Interesse oberflächlich und springt von einer Sache zur anderen über« (Montessori 1909/2008, S. 113 f.). Vielmehr geht es auch darum, dem

kindlichen Drang nach Aktivität und Bewegung mit allen Sinnen Rechnung zu tragen: »Zum Beispiel müssen kleine Gegenstände zum Verrücken da sein, und in diesem Fall ist es die Bewegung der Hand – mehr als die Dinge selbst –, die das Kind beschäftigt hält, viele Male nacheinander die Sachen zusammen- und auseinanderzustellen, umzurücken und neu zu ordnen und dadurch eine längere Dauer der Betätigung ermöglicht« (Montessori 1909/2008, S. 113).

- *Begrenzung* bedeutet, dass ein Material in der »Vorbereiteten Umgebung« jeweils nur einmal vorhanden sein sollte. Hierdurch sollen Kinder vor Reizüberflutungen geschützt sowie zum ordnenden Tun und zum sozialen Verhalten angeregt werden. Dem Kind den Blick und Weg zu seiner eigenen Bestimmung frei zu machen setzt nach Montessori voraus, es vor störenden Einflüssen zu bewahren und Chaos zu vermeiden: »In der ›Begrenzung‹ der Hilfsmittel, die das Kind dazu führen, Ordnung in seinen Geist zu bringen, und ihm das Verständnis der unendlich vielen Dinge zu erleichtern, die es umgeben, liegt das höchste Erfordernis, das es dem Kinde ermöglicht, seine Kräfte zu schonen und das es sicher auf den schwierigen Pfaden seiner Entwicklung voranschreiten lässt« (Montessori 1909/2008, S. 115).

Vorbereitende Maßnahmen, Ordnungsprinzipien

Bevor sich das Kind im Sinne des Erziehungskonzepts von Maria Montessori unabhängig und frei in der »Vorbereiteten Umgebung« bewegen und sich anhand der verfügbaren Lerngegenstände selbst bilden kann, ist zunächst erforderlich, es mit der Ausstattung und Struktur des Raumes vertraut zu machen.

Dazu gehört zum Beispiel, den Kindern die vorhandenen Arbeitsflächen, die Gliederung des Raumes in unterschiedliche Arbeitsbereiche, sowie die zu praktizierenden Ablagetechniken nahe zu bringen.

Wichtig ist ferner, geltende Arbeits- und Verhaltensregeln mit den Kindern zu beraten, abzustimmen und zu kultivieren, d. h. Fehlverhalten aufzugreifen und Sorge für die Einhaltung der getroffenen Vereinbarungen zu tragen. Beispielsweise gilt in Montessori-Einrichtungen der Grundsatz, dass jedes Material seinen festen Platz im Regal hat: »Für jedes Ding einen Platz und jedes Ding an seinem Platz« (Standing 1970, S. 169), und dass sich auf dem Tisch stets nur dasjenige befinden darf, welches gerade bearbeitet wird.

Auch wird von den Kindern erwartet, dass sie eine einmal begonnene Arbeit bis zu Ende führen, wobei die Bearbeitung anspruchsvoller Materialien mitunter mehrere Tage oder sogar Wochen in Anspruch nehmen kann. Dafür stehen den Kindern in der Montessori-Schule zumeist zwei verbindliche Zeitstunden pro Schulvormittag zur Verfügung. Sobald eine Arbeit zu Ende geführt ist, werden die Kinder dazu angehalten, das entsprechende Arbeitsmaterial wieder an seinen festgelegten Aufbewahrungsort zurück zu räumen.

Dieser Organisations- und Zeitrahmen ermöglicht den Kindern eine bedeutsame Erfahrung. Denn das zufriedenstellende Gefühl, eine große Arbeit in Ruhe und ohne Zeitdruck erfolgreich zu Ende führen zu können, stellt eine prägende Lern- und Entwicklungserfahrung dar. Tatsächlich erfahren die Kinder die Freiarbeitszeit als *ihre* Zeit, die weder durch einen Fach- oder Lehrerwechsel noch durch den Stundengong beschnitten werden kann. Denn selbst wenn die zwei Stunden am Schulvormittag nicht ausreichen, um ein Werk zu vollenden, so bleibt doch die Gewissheit, am nächsten Tag mit der Arbeit fortfahren zu können.

Diese Erfahrung wird all den Schülerinnen und Schülern an den herkömmlichen Regelschulen verwehrt, an denen ausschließlich im üblichen 45-Minutentakt gelernt wird. Anstelle der Gewissheit, Dinge in Ruhe im eigenen Zeittakt erledigen zu können, treten unter diesen Voraussetzungen das Gefühl und die Erfahrung, von einem Arbeitsauftrag zum anderen zu springen und sich ggf. mit unfertigen Arbeiten begnügen zu müssen. Dies aber widerspricht der zentralen Zielsetzung des Montessori-Konzepts, das Kind zur »Normalisation« zu führen (s. Abschnitt 3.2, »Polarisation der Aufmerksamkeit« – »Normalisation«, S. 43 ff.).

Neben der Erschließung der Räumlichkeiten sowie des darin geltenden Orientierungsrahmens und der Verhaltensregeln müssen die Kinder mit den vorhandenen Lernmaterialien vertraut gemacht werden. Denn bevor ein Kind über die äußere Ordnung selbsttätig zu seiner eigenen inneren Ordnung finden kann, ist erforderlich, es in die Beschaffenheit und Systematik der Materialien einzuführen. Erst wenn ein Kind erkannt hat, wie der Umgang mit einem Material zu erfolgen hat, ist es in der Lage, dasselbe sachangemessen zu bedienen und sich daran zu binden (vgl. Abschnitt 4.1, »Freiheit und Bindung«, S. 51 ff.).

Drei-Stufen-Lektion

Anhand der Dreistufen-Lektion werden die Kinder von der Erzieherin bzw. Lehrkraft in die Systematik und Handhabung der Materialien eingeführt. Zumeist nimmt an der hierfür vorgesehenen »*Drei-Stufen-Lektion*« nur ein einziges Kind teil. Sofern sich zeigt, dass bei mehreren Kindern Interesse am gleichen Material besteht und davon ausgegangen werden kann, dass die Sensibilitäten der Kinder zum betreffenden Zeitpunkt zueinander passen, werden zuweilen aber auch zwei oder drei Kinder einbezogen.

Nachdem das Material und der Teilnehmerkreis feststehen, setzt sich die Erzieherin oder Lehrkraft mit dem Kind bzw. mit den Kindern an einen Tisch und beginnt, dem Prinzip »Vom Konkreten zum Abstrakten« folgend, mit ihrer Einführung.

Stufe	Intention	Umsetzung
1	Verknüpfung der betreffenden Sinneswahrnehmung mit den dazugehörenden Begriffen	Beispiel: Das Kind erhält zwei Tastbrettchen mit der Mitteilung: »Dieses Brettchen ist glatt, und dieses Brettchen ist rau.«
2	Wahrnehmen bzw. Erkennen des entsprechenden Gegenstandes	»Bitte gebe mir jetzt das glatte Brettchen. Und nun bitte das raue Brettchen.« Im Anschluss daran können weiterführende Aufträge folgen, wie zum Beispiel: »Bitte bringe das glatte Brettchen zur Fensterbank, und lege das raue Brettchen unter das Pult.« – »Hole das glatte Brettchen nun wieder zurück, und jetzt auch das raue Brettchen.« – »Findest du andere Gegenstände im Raum, die glatt bzw. rau sind?« ...
3	Erinnerung bzw. Rückbesinnung und exakte Benennung des betreffenden Gegenstandes	»Wie ist das Brettchen, und wie fühlt sich dieses Brettchen an?« – »Wie ist bzw. fühlt sich dieser oder jener Gegenstand an?«

Tab. 4: Drei-Stufen-Lektion mit Fühlbrettchen

Wie bereits oben erwähnt, verstand und bezeichnete Montessori die von ihr entworfenen Materialien deshalb als *Entwicklungsmaterialien*, weil sie dem Kind dabei helfen, kontinuierlich in seiner persönlichen Entwicklung voranzuschreiten.

Im obigen Beispiel wird das Kind anhand der Fühlbrettchen vom Konkreten zum Abstrakten geführt. Andere Materialien folgen dem Präsentationsprinzip »Vom Allgemeinen zum Besonderen«, wie etwa die Globen und weitere Materialien, die in der »Kosmischen Erziehung« im Bereich Geografie zum Einsatz kommen: Während der erste Globus die Erdkugel zunächst nur grob in erfühlbare Landmassen und Wasseroberflächen einteilt, spiegelt der zweite Globus die unterschiedlichen Kontinente wider. Erst wenn der Kontinent behandelt wurde, auf dem die Kinder selbst leben, folgt die Beschäftigung mit dem eigenen Land und seinen spezifischen Besonderheiten.

Bei näherer Betrachtung streben die stets systematisch aufeinander aufbauenden didaktischen Materialien eine indirekte Vorbereitung der bei den Kindern jeweils noch folgenden Entwicklungsphasen an. Anhand der Drei-Stufen-Einführungen wird das Kind sprachlich sensibilisiert; durch die kontinuierliche Arbeit mit den Sinnesmaterialien konkretisiert und erweitert sich sein Sprachschatz.

Auch das Kindergartenkind, das anhand der »metallenen Einsatzzylinder« das exakte Nachzeichnen verschiedener Formen übt, wird – lange bevor es das Schreiben und Lesen lernt – in seiner feinmotorischen Entwicklung gefördert und für die richtige Haltung beim Schreiben mit dem Füller sensibilisiert.

4.3 Materialbereiche, Vorstellung ausgewählter Materialien und beispielhafte Einführungen

Der von Maria Montessori selbst entwickelte und mittlerweile ergänzte Materialfundus orientiert sich an den oben erörterten didaktischen Prinzipien, Qualitätsmerkmalen und Maßnahmen und umfasst im Ganzen die folgenden Lernbereiche (Abb. 4).[15]

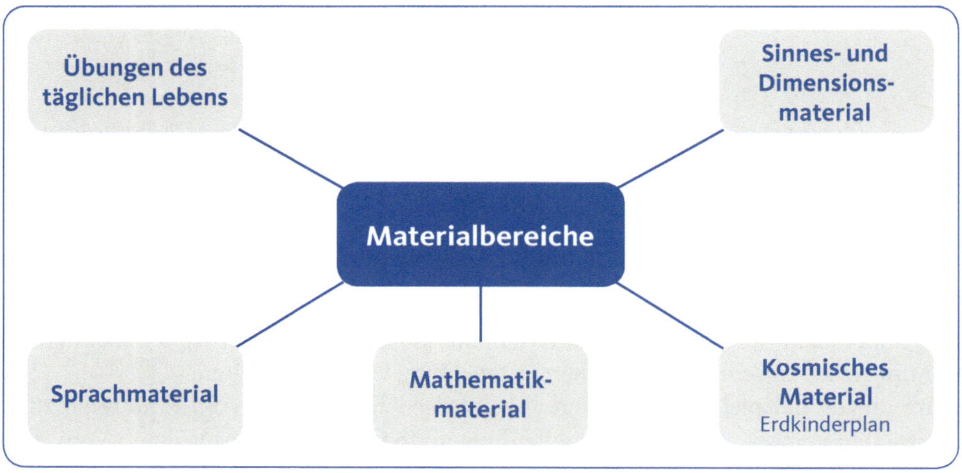

Abb. 4: Materialbereiche

Auf den Anfang kommt es an! Diesem Topos und dem Anspruch auf verständnisorientiertes Lernen folgend, orientiert sich die Materialauswahl für dieses Kapitel vorrangig an den klassischen, in Kinderhaus und Grundschule zum Einsatz kommenden Übungen des täglichen Lebens und (Einstiegs-)Materialien.

Die Systematik bzw. die didaktische Aufbereitung der zu den einzelnen Lernbereichen vorgestellten und exemplarisch eingeführten praktischen Übungen und Materialien verdeutlicht den an das Montessori-Material gestellten Anspruch, dem Kind bei seiner Entwicklung Stufe für Stufe behilflich zu sein (S. 32 f.).

Die zur »Kosmischen Erziehung« herangezogenen Materialbeispiele bzw. der Erfahrungsbericht zu diesem Bereich hingegen veranschaulichen das basale didaktische Prinzip »vom Ganzen zum Detail zurück zum Ganzen« (s. Abschnitt 4.2, »Didaktische Prinzipien«, S. 55 ff.).[16]

15 Alle Materialien zu den einzelnen Bereichen auf einen Blick s. S. 136–140.

16 Die Ausführungen dieses Kapitels entsprechen weitgehend den vom Montessori-Dachverband Deutschland empfohlenen Vorgaben (vgl. Nienhuis-Verlag: Materialkataloge 1–3).

Eine Besonderheit stellt die materialgestützte Unterweisung im Bereich der religiösen, sozialen und Friedenserziehung dar. Wie die diesbezügliche Freiarbeit in der Montessori-Pädagogik gestaltet wird, zeigt die *Stille-Übung* »Gehen auf der Linie« (s. S. 107 ff.).

Übungen des täglichen Lebens

Eine Sonderform stellt der Arbeitsbereich »Übungen des täglichen Lebens« dar, die vor allem im Kinderhaus und im Förderkontext zur Anwendung kommen. Hier handelt es sich nicht um Lernmaterialien im eigentlichen Sinn, sondern um den Umgang mit Gegenständen des täglichen Gebrauchs.[17] Im Rahmen der Anwendung derselben üben sich die Kinder darin, ihren Alltag selbstständig zu bewältigen. Die stetige Ausdifferenzierung ihrer Bewegungen und feinmotorischen Fähigkeiten trägt dazu bei, dass die Kinder zunehmend unabhängiger werden.

Die Übungen des täglichen Lebens werden den folgenden fünf Anforderungskategorien zugeordnet:

- Übungen, welche die *Selbstständigkeit* der Kinder fördern, wie zum Beispiel sich anziehen können, nach dem Weg fragen, Aufzug fahren oder einkaufen gehen,
- Übungen zur *Pflege der eigenen Person*, hierzu zählt Hände waschen, Nägel reinigen, Haare kämmen oder Schuhe putzen,
- Übungen zur *Pflege der Umgebung*, wie zum Beispiel Blumengießen, Tiere versorgen, Tee kochen oder das Geschirr spülen,
- Übungen zur *Pflege des Umgangs mit anderen Menschen* und des Lebens in der Gemeinschaft; hierunter fallen soziale Umgangsformen, wie zum Beispiel den Tisch für alle zu decken, um Entschuldigung bitten können, achtsam sein und sehen, wer Hilfe braucht, oder um etwas bitten und sich bedanken,
- Übungen, die zur *Kontrolle der Bewegung* dienen, wie zum Beispiel Gleichgewichtsübungen oder das Gehen auf dem Kreis, mit und ohne Mitführen von Gegenständen.

Insgesamt zielen die Übungen des täglichen Lebens darauf ab, die kindlichen Bewegungen und Koordinationsleistungen zu harmonisieren. Diese Zielsetzung ist von der Überzeugung geleitet: Je besser ein Kind seinen eigenen Körper beherrschen lernt, desto besser entwickelt sich sein Körper, sein Geist und seine Seele zu einer harmonischen Einheit bzw. zu einer »normalisierten« Persönlichkeit (vgl. Abschnitt 3.2, »Polarisation der Aufmerksamkeit – Normalisation«, S. 43 ff.).

17 Eine diesbezügliche Ausnahme stellen z. B. die eigens zur Förderung der kindlichen Selbstständigkeit, Motorik und Bewegungskoordination konstruierten »Verschlussrahmen« dar. Hierbei handelt es sich um quadratische Holzrahmen (30 × 30 cm), an denen je zwei Stoffstücke mit unterschiedlicher Verschlussvorrichtung (Bindfäden, Knöpfe, Druckknöpfe, Schnallen, Klettband) angebracht sind.

Es ist selbstredend, dass die soziale Dimension in diesem Zusammenhang eine zentrale Stellung einnimmt. Hierzu eine anschauliche Rückmeldung aus der praktischen Arbeit im Kinderhaus Mengen:

> *Bei uns im Kinderhaus stellen diese Übungen tägliche Herausforderungen für die Kinder dar. Dazu gehört auch, dass am Kalender jeden Morgen das Datum nachgestellt wird. Selbst die Kleinen schauen jeden Morgen auf der Aufgabenliste, welche Arbeit sie machen können oder sie organisieren selbst, welches größere Kind dabei helfen könnte. Diese Tätigkeiten geben den Kindern ein gutes Selbstwertgefühl und eine Bestätigung, etwas Sinnvolles für den Gruppenalltag beitragen zu können. Ich bin selbst oft überrascht, wie wichtig und wertvoll diese Übungen für die Kinder sind (Rosi Müller, 2015).*

Gesundes Wachstum in diesem ganzheitlichen Sinne setzt voraus, den Kindern die einzelnen Bewegungssequenzen ins Bewusstsein zu bringen, welche – in der Summe betrachtet – den gesamten Handlungsvollzug der jeweils praktizierten Tätigkeit bestimmen. Im Zentrum steht hier die Exaktheit der Bewegungen und nicht die Sprache, d. h. die Übungen des täglichen Lebens werden in für das Kind gut nachvollziehbaren langsamen, exakten Bewegungen, jedoch weitgehend ohne Worte präsentiert.

Vor dem Hintergrund dieser schweigsamen »Zeitlupenstrategie« vermag kaum zu verwundern, dass die Darbietungen des täglichen Lebens durch die Erzieherin geradezu meditativ und andächtig anmuten. Dies gilt grundsätzlich für alle in jedem Montessori-Kinderhaus praktizierten Tätigkeiten, wie zum Beispiel:

- Schüttübungen (z. B. Wasser aus bzw. in unterschiedliche Krüge oder Gläser gießen, oder Erbsen, Reis oder andere Inhalte von einem Gefäß in ein anderes umschütten),
- Übungen mit der Pinzette (z. B. Erbsen oder Bohnen mit der Pinzette von einer Schüssel in eine andere umschichten),
- Tisch decken und abräumen,
- Obst schneiden,
- Brot schmieren,
- Tee kochen,
- Silber putzen,
- Wäsche bügeln und falten,
- Boden fegen und nass wischen,
- Hände waschen[18].

Viele zur Ausübung dieser Tätigkeiten erforderliche Lerngegenstände finden sich in jedem Haushalt oder können aus ausrangierten Utensilien selbst zusammengestellt

18 Weitere Anregungen zu den Übungen des täglichen Lebens finden sich in der Überblickstabelle zum Kinderhausmaterial (vgl. S. 136).

werden. Auch auf Flohmärkten lassen sich viele brauchbare Gegenstände aufstöbern. Dies gilt u. a. auch für die unten vorgestellte Übung des Händewaschens.

Vorstellung ausgewählter Materialien

Das für die tägliche Übung »Händewaschen« vorgesehene Materialset umfasst die im Folgenden abgebildeten Gegenstände (Abb. 5):

- ein Wachstuch zum Bedecken der Tischplatte
- eine Wasserschüssel (mittlere Größe)
- ein Krug (mittlere Größe)
- eine Seifenschale
- ein Stück Seife
- eine Handbürste
- ein frisches Handtuch
- ein Schwammtuch

zusätzlich (hier nicht abgebildet):

- ein Eimer
- ein Wäscheständer

Abb. 5: »Händewaschen«

Bevor ein Kind das Händewaschen anhand dieser Materialien allein üben kann, bedarf es einer präzisen Einführung durch die Erzieherin.

Beispielhafte Einführung: »Hände waschen«

- Zunächst wird das Wachstuch aus dem Regal geholt und der Tisch damit abgedeckt. Anschließend wird der Krug mit Wasser gefüllt und, wie die weiteren oben aufgelisteten Gegenstände auch, in einer für das Kind gut einsehbaren Anordnung auf dem Tisch platziert. Nun kann die eigentliche Darbietung beginnen:
- Die Erzieherin rollt ihre Ärmel auf, hebt den Wasserkrug vom Tisch, indem eine Hand den Henkel greift und die andere den Krug stützt.
- Jetzt wird der Ausguss des Kruges über den Schüsselrand geführt und das Wasser bis zur Hälfte in die Schüssel gegossen (die andere Hälfte wird später zum Ausspülen der Schüssel benötigt, s. u.).
- Sofern Tropfen am Krug herunterfließen, wird dieser abgestellt und mit dem Schwammtuch abgewischt.
- Nun legt die Erzieherin ihre Hände in die Wasserschüssel und holt sie nach einer Weile wieder heraus, um das Wasser ablaufen zu lassen.
- Die Seife wird aus der Schale geholt, und die Hände werden sorgsam damit eingeseift: Zunächst lässt die Erzieherin die Seife wechselseitig über beide Seiten, d. h. Handflächen und Handrücken gleiten. Danach wird die Seife wieder abgelegt und jeder Finger einzeln vom Nagel bis zur Wurzel eingeseift, wobei die Winkel zwischen den Fingern eine besondere Beachtung erfahren.
- Danach werden die Fingernägel unter dem sanften Druck der Handbürste gereinigt.
- Im nächsten Schritt werden die Hände wieder ins Wasser gelegt, um den Seifenschaum abzuspülen. Im Anschluss daran werden die Hände wieder aus dem Wasser genommen und gründlich über der Schüssel abgeschüttelt, bevor nach dem zurechtgelegten Handtuch gegriffen wird.
- In langsamen, deutlichen Bewegungen werden die Hände nun mit der gleichen Sorgfalt abgetrocknet, wie sie zuvor eingeseift wurden.
- Nach seinem Gebrauch wird das nasse Handtuch aufgehängt (hierfür steht zumeist ein kleiner Wäscheständer bereit).
- Danach wird ein Eimer geholt, in diesen wird das Wasser aus der Schüssel hinein gegossen. Die Seifen- bzw. Schaumreste aus der Schüssel werden mit dem restlichen Wasser aus dem Krug ausgespült, sodann wird auch dieses Spülwasser in den Eimer geschüttet und der Eimerinhalt in der Toilette entsorgt.
- Zum Ende der Übung werden die Schüssel und der Krug, sowie das ggf. auf dem Tisch verspritzte Wasser mit dem Schwammtuch abgetrocknet und auch das Schwammtuch zum Trocknen auf den Wäscheständer gehängt.
  Abgeschlossen ist diese Übung erst dann, wenn alle Gegenstände ordentlich an ihren Platz zurückgebracht wurden.

An dieser Stelle abschließend eine kleine private Episode dazu, wie diese Art von Übungen auf einen nicht sachkundigen Beobachter wirken:

Erfahrungsbericht

Eines Tages hatte ich das Glück, die Einführung in das Händewaschen selbst zu erleben. Hierbei beeindruckte mich die ruhige Vorgehensweise der Erzieherin ebenso wie die Aufmerksamkeit und Konzentration, mit welcher Carolin, ein mir in der Gruppe aufgeweckt und temperamentvoll erschienenes dreijähriges Mädchen, der Darbietung folgte.
Nachdem ich wieder zu Hause war, berichtete ich meiner Familie beim Abendessen von den Erlebnissen meines Hospitationstages. Da mich vor allem die kleinschrittige, präzise Einführung der Erzieherin in das Händewaschen fasziniert hatte, stand diese auch im Mittelpunkt meiner Berichterstattung. Die spontane Reaktion unserer damals vierzehnjährigen Tochter »Das ist ja voll die Sekte!« erheiterte die Runde. Zunächst versicherte ich meiner Tochter, dass es auch in Montessori-Kreisen vermutlich keine Erzieherin gibt, die ihre Hände zu Hause bzw. außerhalb ihres beruflichen Einsatzfeldes auf die geschilderte, bedächtige Art waschen würde. Doch schon bald führte uns der Austausch zu folgendem Gedankenexperiment: Man stelle sich ein etwa zwei- bis dreijähriges Kind vor. Bekanntlich sind Kinder in diesem Alter gewöhnlich häufig damit beschäftigt, den Großen nachzueifern. Folgerichtig wollen sie das Anziehen und Zähneputzen, wie das Händewaschen auch, nicht »gemacht bekommen«, sondern sie wollen es »selbst machen«. Nun zeigt aber die Erfahrung im Zusammenhang derartiger Erledigungen, dass der kindliche Drang, selbst aktiv zu sein, in der fokussierten Lebensspanne eher selten mit dem tatsächlichen Leistungsvermögen der Kinder selbst, und noch weniger mit den zeitlichen Erwartungen der Erwachsenen vereinbar ist.
Des Weiteren ist anzunehmen, dass die genannten Verrichtungen innerhalb des täglichen Aufgabenspektrums bei erwachsenen Menschen zumeist den Status des Peripheren einnehmen. Die Folge daraus ist, dass diese Aktivitäten (wie z. B. das Händewaschen) von Erwachsenen zumeist beiläufig in großer Geschwindigkeit, anstatt bewusst sorgsam erledigt werden. Dieser Zusammenhang offenbart einen kritischen und zugleich nachdenklich stimmenden Gegensatz – und er verdeutlicht die praktische Bedeutung des bekannten Montessori-Postulats »Hilf mir, es selbst zu tun!«. Die Diskussion endete mit einem Argument, das auf einhellige Zustimmung stieß: Wenn Erwachsene von Kindern erwarten und irgendwann auch einfordern, dass diese ihre Alltagsgeschäfte sorgsam und gewissenhaft selbst erledigen, dann besteht der berechtigte Anspruch der Kinder darin, dass ihnen zumindest einmal in aller Ruhe und ohne Hektik gezeigt wird, worauf zu achten ist, um die an sie gestellten Herausforderungen erfolgreich bewältigen zu können.

Sinnes- und Dimensionsmaterial

Die eigentlichen Sinnesmaterialien kommen ebenfalls im vorschulischen Bereich, d. h. in der Kinderkrippe, vor allem aber im Kinderhaus zum Einsatz. Einige dieser Materialien finden aber auch im Anfangsunterricht, im Förderunterricht und im Inklusionskontext Anwendung. Da die dieser Gruppe angehörenden Materialien vor allem der Sinnes- und Wahrnehmungsschulung dienen, sind sie nicht nur für die kindliche Intelligenzentwicklung von Belang, sondern ebenso für die psychische und seelische Entwicklung (vgl. Abschnitt 3.2, »Sinnesentwicklung und Bewegung«, S. 41 ff.).

Zutreffend hat Montessori erkannt, dass die Anzahl der Gegenstände, die der Mensch wahrnehmen kann, zwar unendlich ist, dass aber deren Eigenschaften dennoch begrenzt sind. Folglich geht es also nicht um die Erfahrung der Dinge selbst, sondern um die Erfassung der Eigenschaften der Dinge. Insofern zielen die Sinnesmaterialien nicht darauf ab, dem Kind alle situativen Sinneseindrücke zugänglich zu machen, sondern es zum Vergleichen, Unterscheiden und Benennen der Dinge anzuleiten, damit es Ordnung in sein Inneres bringen und seine Sinne kultivieren kann.

Die zu der Gruppe der Sinnesmaterialien gehörenden Objekte berücksichtigen alle menschlichen Sinne: Das Sehen und Hören sowie das Schmecken, Riechen und das Fühlen/Tasten (einschließlich des Gewichtssinns).[19] Einige dieser Materialien zeichnen sich überdies durch die spezifische Zielsetzung aus, Kinder für grundlegende mathematische Ordnungsstrukturen zu sensibilisieren und erste Begegnungen mit dem Dezimalsystem anzubahnen. Aus diesem Grund werden diese Materialien als »Dimensionsmaterialien« bezeichnet.

Die fünf hierzu im Folgenden näher vorgestellten Materialien »Rosa Turm«, »Braune Treppe«, »Rote Stangen«, »Einsatzzylinder« und »Bunte Zylinder« gelten als Einstiegsmaterialien. Diese zeichnen sich dadurch aus, dass sie den kindlichen »Mathematischen Geist« ansprechen, indem sie indirekt in das Dezimalsystem einführen.[20]

Vorstellung ausgewählter Materialien

Der **Rosa Turm** (Abb. 6) besteht aus zehn unterschiedlich großen, rosa lackierten Würfeln, wobei der kleinste Würfel eine Kantenlänge von 1 Zentimeter und der Größte eine Kantenlänge von 10 Zentimetern hat.

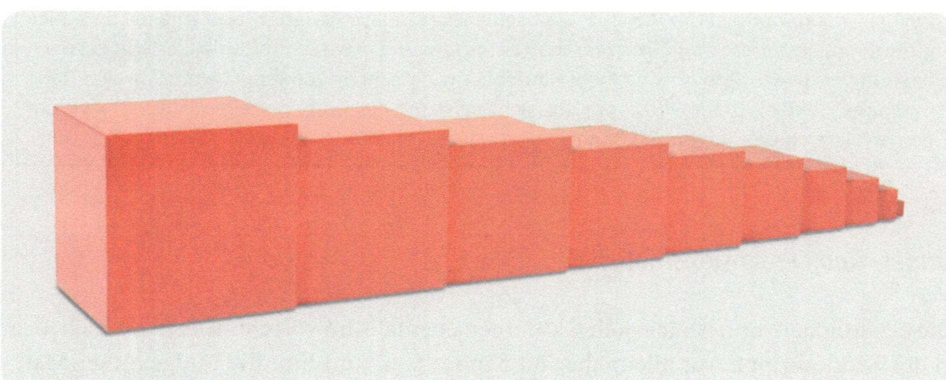

Abb. 6: Rosa Turm

19 Der Gleichgewichtssinn findet zum Teil bei den Übungen des täglichen Lebens Beachtung, wie z. B. bei den Schüttübungen, vor allem aber beim Laufen auf der Elypse (s. S. 107 f.).

20 Beispielhafte Einführung s. S. 73 ff.

Zur **Braunen Treppe** (Abb. 7) gehören zehn hölzerne quadratische Prismen von jeweils 20 Zentimetern Länge. Hier nimmt die Kantenlänge in 1-Zentimeter-Schritten von 10 Zentimeter bis 1 Zentimeter ab.

Abb. 7: Braune Treppe

Im Gegensatz zur Braunen Treppe verfügen die zehn **Roten Stangen** (Abb. 8) über unterschiedliche Längen von 10 bis 100 Zentimetern, dafür aber über die gleiche Stärke von 2,5 × 2,5 Zentimetern.

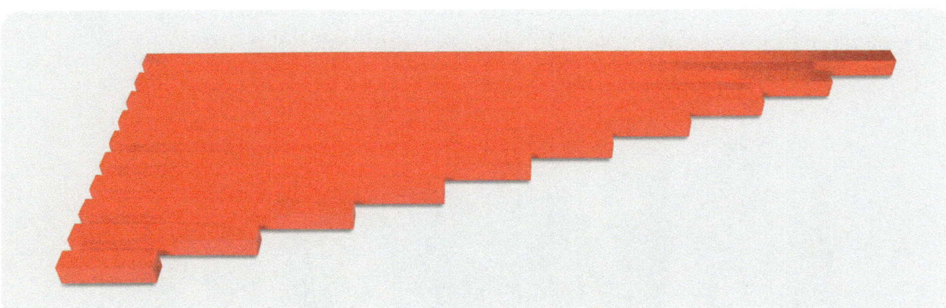

Abb. 8: Rote Stangen

Bei den ebenfalls aus Holz angefertigten, jedoch farblos lackierten vier **Zylinder-Einsatzblöcken** (vgl. Abb. 9–10, S. 70), wiederholen sich die anhand des Rosa Turms, der Braunen Treppe und der Roten Stangen bereits behandelten Ordnungsprinzipien wie folgt:

Bei Block (A) bleibt der Durchmesser der Zylinder gleich, während die Höhe, dem Ordnungsprinzip »groß-klein« folgend, in gleichmäßigen Zehnerschritten zunimmt – wie bei den Roten Stangen. Die Zylinder in Block (B) verfügen alle über die gleiche Höhe, verändern sich aber hinsichtlich ihres Durchmessers, womit dieser dem Ordnungsprinzip »dick-dünn« entspricht – wie bei der Braunen Treppe (Abb. 9).

Abb. 9: Zylinderblock (A) und (B)

Die Zylinder im dritten Einsatzblock (C) verändern sich dem Rosa Turm entsprechend: Durchmesser und Höhe der Blöcke nehmen (auf der Abbildung von vorne nach hinten betrachtet) gleichmäßig zu. Damit repräsentiert dieser Block die Ordnungskriterien »groß-klein«, »hoch-tief« und »dick-dünn«. Beim vierten Einsatzblock (D) nimmt die Höhe gleichmäßig ab, während der Durchmesser zunimmt (Abb. 10).

Abb. 10: Zylinderblock (C) und (D)

Der vierteilige Materialsatz **Farbige Zylinder** spiegelt die bisher behandelten Dimensionen abermals wider und fördert damit das Erkennen und Vergleichen von Seriengesetzen (Abb. 11):

- Die *Blauen Zylinder* entsprechen der Systematik des ersten Einsatzzylinders (A) und gewissermaßen auch der Roten Stangen (»hoch-tief« bzw. »kurz-lang«).
- Die *Roten Zylinder* repräsentieren die Ordnungsstruktur »dick-dünn«, d. h. die der Braunen Treppe und des Zylinderblocks (B).
- Die *Gelben Zylinder* spiegeln die den Rosa Turm und den Zylinderblock (C) auszeichnenden Ordnungskriterien »groß-klein«, »hoch-tief« und »dick-dünn« wider.
- Die *Grünen Zylinder* hingegen bilden die Ordnungskriterien des Rosa Turms und des Zylinderblocks (D) gegenläufig zu den gelben Zylindern ab (»klein-groß«, »tief-hoch« und »dünn-dick«).

Abb. 11: Farbige Zylinder

Neben den oben erläuterten Materialien zur ausdrücklichen Unterscheidung von Dimensionen beinhaltet das Sortiment der klassischen Sinnesmaterialien eine Vielzahl an weiteren Materialien für die allgemeine Sinnes- und Wahrnehmungsschulung.

Im Einzelnen sind damit Lerngegenstände angesprochen, anhand derer die Kinder das sinnbetonte Erkennen und Unterscheiden von Eigenschaften und Nuancen in folgenden Bereichen üben können:

- Farben (Farbtäfelchen)
- Oberflächen- und Materialstrukturen (z. B. Fühlplättchen, Sandpapierbuchstaben und -zahlen)
- Gewichte (Gewichtstäfelchen)
- Geräusche (Schütteldosen)
- Gerüche (Geruchsfläschchen)
- Geschmäcker (Geschmacksgläschen)
- Wärme (Plättchen aus Holz, Metall)
- Formen (z. B. Geometrische Körper)

Auch aus diesem Sortiment soll ein Material näher vorgestellt werden: Bei den zuletzt genannten **Geometrischen Körpern** (Abb. 12) handelt es sich um ein Material zur Unterscheidung von Formen. Dazu gehört ein Korb, in dem sich zehn blau lackierte geometrische Körper befinden. Ergänzt wird das Material durch einen Kasten mit elf unterschiedlichen Grundflächentäfelchen, welche die Flächenformen der Körper abbilden:

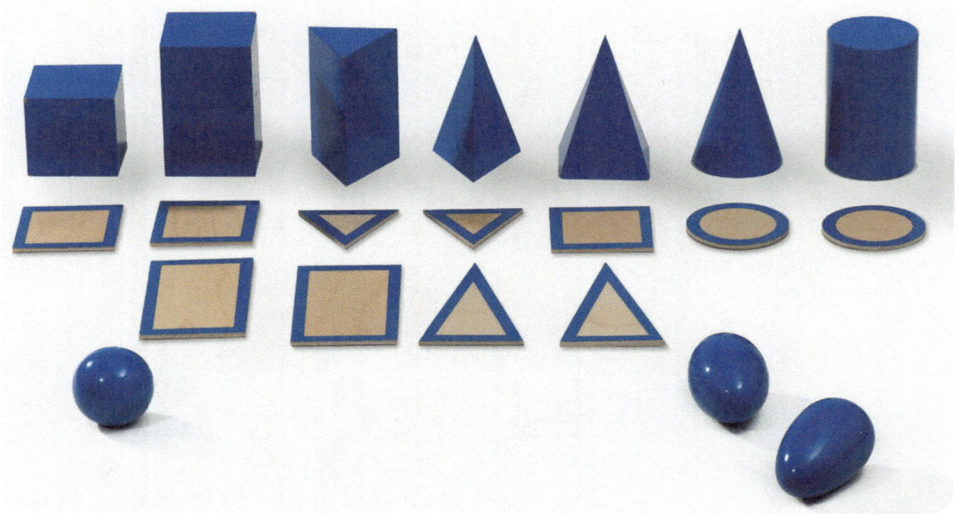

Abb. 12: Geometrische Körper mit Flächentäfelchen

Im Einzelnen beinhaltet der Korb: eine Kugel, ein Ellipsoid, ein Ei, einen Zylinder, eine vierseitige Pyramide, eine dreiseitige Pyramide, einen Kegel, ein vierseitiges Prisma (Quader), einen Kubus, ein dreiseitiges Prisma. Im dazugehörenden Kästchen befinden sich: drei Quadrate, zwei Kreise, zwei Rechtecke, zwei gleichseitige Dreiecke, zwei spitzwinklige Dreiecke.[21]

---

21 Beispielhafte Einführung s. S. 76 ff.

Zusammenfassend regt der spielerische Umgang mit den obigen Sinnes- und Dimensionsmaterialien das Kind (indirekt) zu folgenden (unbewussten) Leistungen an:

- Schulung des »Mathematischen Geistes« (Formen wiedererkennen und vergleichen)
- Übung der Hand-Hand-Koordination und Hand-Auge-Koordination (Grob- und Feinmotorik)
- Übungen zur Serienbildung (Klassifizierung)
- indirekte Einführung in das Dezimalsystem (alle Dimensionsmaterialien bestehen aus zehn Einheiten)
- Wortschatzarbeit

Beispielhafte Einführung: Rosa Turm

Das primäre Ziel der Arbeit mit dem Rosa Turm ist die Unterscheidung und Begriffsbildung des Gegensatzpaares »groß-klein«. Indirekt wird das Kind in der Entwicklung seiner Motorik und Bewegungskoordination gefördert und zum Wahrnehmen der materialimmanenten sowie zur Bildung eigener Ordnungsstrukturen angeregt. Nachdem der Rosa Turm ausgewählt und sorgsam aus dem Regal geholt wurde, werden die zehn Würfel ungeordnet auf dem Arbeitsteppich des Kindes abgelegt (Abb. 13).

Abb. 13: Rosa Turm, ungeordnet

Nun nimmt die Erzieherin oder Lehrkraft zuerst den größten Würfel in ruhigen Bewegungen auf und stellt diesen so ab, dass das Kind ihn gut betrachten kann. Danach wird der jeweils nächstkleinere Kubus aufgenommen und von oben exakt mittig auf dem ersten Würfel abgelegt. Auf diese Weise werden die restlichen Würfel unter Beachtung der Größenunterschiede nacheinander aufgesetzt, bis der Turm vollständig ist (Abb. 14).

Abb. 14: Aufgebauter Rosa Turm

Jetzt tastet die einführende Erzieherin die Seitenkanten des Turmes gemeinsam mit dem Kind beidseitig von unten nach oben ab, und anschließend wieder zurück nach unten. Danach wird der Turm – ein Würfel nach dem anderen – in ruhigen Bewegungen wieder abgebaut.

Nun ist das Kind an der Reihe; es baut den Turm allein auf und wieder ab, wie zuvor beobachtet (die jüngeren Kinder werden dazu angehalten, die größeren Würfel mit beiden Händen zu fassen). Im Anschluss an diese erste Kennenlern-Runde beginnt die Leiterin damit, das Kind anhand der Dreistufen-Lektion zum Rosa Turm in das begriffliche Gegensatzpaar »groß-klein« einzuführen:

Drei-Stufen-Lektion zum Rosa Turm

Stufen	Handlung	Sprache
1	Leiterin stellt den größten und den kleinsten Würfel vor das Kind und umfasst:	
	zuerst den größeren von beiden,	»Der Würfel ist groß.«
	danach den kleineren.	»Der Würfel ist klein.«
2	Leiterin fordert das Kind heraus, Eigenschaften zu erkennen/auszuwählen.	»Bitte gib mir jetzt den Würfel, der groß ist.« »Und jetzt den Würfel, der klein ist.«
	Variationen: Leiterin zieht andere Gegenstände als Vergleichspaare hinzu (großer und kleiner Radiergummi, große und kleine Tasse ...).	»Welcher Radiergummi / welche Tasse ist groß, welcher klein?« ...
3	Leiterin stellt ein Vergleichspaar (großer und kleiner Kubus, großer und kleiner Radiergummi, große und kleine Tasse ...) vor das Kind und fordert es dazu auf, die jeweilige Eigenschaft zu benennen.	»Wie ist dieser Würfel?« »Wie ist dieser Radiergummi?« »Wie ist diese Tasse?«

Tab. 5: Drei-Stufen-Lektion »Rosa Turm«

Wenn das Kind die Begriffe der ersten Lektion verstanden hat, diese sicher anwenden kann und sich zeigt, dass es nach einer Fortsetzung strebt, werden auf die gleiche Art und Weise die Steigerungsformen »groß-größer-am größten« und »klein-kleiner-am kleinsten« eingeführt. Hierzu wählt die Leiterin jeweils drei Würfel aus, die sich hinsichtlich ihrer Größe deutlich unterscheiden.

Fortführungen

Nach der Ersteinführung gemäß dem oben skizzierten Ablaufschema zeigt die Leiterin dem Kind, dass die Würfel auch nach anderen Ordnungskriterien ausgelegt werden können (z. B. in der Waagrechten von klein nach groß oder von groß nach klein oder jeweils ein großer und kleiner Würfel im Wechsel). Danach wird das Kind mit seinem Material in die Freiarbeit entlassen, arbeitet selbstständig daran weiter und erfindet – wie die Erfahrung zeigt – zahlreiche eigene kreative Bau- und Auslege-Varianten.

Die Einführung der Braunen Treppe und der Roten Stangen folgt dem gleichen Ablaufschema wie die des Rosa Turms. Danach zeigt die Erzieherin dem Kind anhand eines Beispiels, dass die drei, zunächst einzeln erschlossenen Grundmaterialien auch miteinander kombiniert werden können (Abb. 15).

Abb. 15: Variation mit Rosa Turm, Brauner Treppe und Roten Stangen

Jetzt sind der kindlichen Kreativität keine Grenzen mehr gesetzt. Im handelnden, sinnbetonten Umgang mit den Materialien verfolgt das Kind unterschiedliche Ordnungsschemata und Reihenbildungen, kreiert vielfältige Variationen und absorbiert dabei Gesetzmäßigkeiten, die seiner künftigen mathematischen Bildung zuträglich sind.

Beispielhafte Einführung: Geometrische Körper

Die Geometrischen Körper zielen vornehmlich darauf ab, die kindliche Aufmerksamkeitsentwicklung zu fördern und erste bewusste Wahrnehmungserfahrungen mit geometrischen Figuren zu ermöglichen. Indirekt werden die Kinder in der Auseinandersetzung mit den Körpern auf die Stereometrie (räumliche Geometrie) vorbereitet.

Einführung

Die Erzieherin bzw. der Erzieher holt zunächst drei, sich hinsichtlich ihrer Form deutlich unterscheidende Körper aus dem Korb (z. B. Ei, Kegel, Prisma) und legt diese für das Kind gut sichtbar auf einem Filzbrett oder Arbeitsteppich aus.

Nun werden mit diesen sowie nach und nach mit allen weiteren Körpern aus dem Korb ausgeprägte Kipp-, Dreh- und Rollbewegungen durchgeführt und beiläufig erläutert: »Schau mal, was der Körper alles kann. Er kann rollen, kippen, sich drehen.

Der Körper hier hat Ecken, das ist eine Kante und dieses eine Fläche. Diese Fläche nennt man Grundfläche«. In diesem Tun wird die Aufmerksamkeit des Kindes auf die unterschiedlichen Möglichkeiten der Fortbewegung und Beschaffenheit der geometrischen Körper gelenkt. Die Benennung der Körperbezeichnungen selbst ist an dieser Stelle noch nicht bedeutsam (Abb. 16).

Abb. 16: Geometrische Körper in Kippbewegung

Diesem Einstieg folgen weitere Übungen, wie zum Beispiel das Abtasten der Körper mit verschlossenen Augen oder das Bündeln gleicher Körpereigenschaften von Körpern, die nur rollen, nur kippen oder die beides können. Im Anschluss daran bietet sich an, die Kinder Gegenstände aus der Umgebung suchen und ebenfalls entsprechend zuordnen zu lassen.

Als nächstes werden die zum Material gehörenden Grundflächentäfelchen eingeführt. Hierzu legt die Erzieherin bzw. Lehrkraft die einzelnen Täfelchen zunächst auf dem Tisch bzw. Teppich aus. Danach nimmt sie einen der geometrischen Körper aus dem Korb, vergleicht diesen mit der Unterseite der Grundtäfelchen und ordnet ihn der richtigen Grundfläche zu.

Am Ende bleiben zunächst vier Grundtäfelchen übrig, weil einige Körper mehrere Grundflächen haben können. Nachdem diese verbleibenden Kärtchen den richtigen Körpern zusätzlich zugeordnet wurden, ist die Einführung abgeschlossen. Jetzt kann die Benennung der verschiedenen Körper und ihrer Eigenschaften anhand der Drei-Stufen-Lektion folgen.

Wortlektion mit den geometrischen Körpern

Stufen	Handlung	Sprache
1	Leiterin bzw. Lehrkraft nimmt die Körper nacheinander in die Hand und zeigt diese dem Kind. Gemeinsam werden die Einzelheiten der Körper aufmerksam betrachtet.	»Das ist eine Kugel, die Kugel ist rund.« »Schau mal, die Kugel kann rollen.« »Das ist ein Quader. Den Quader kann man kippen und auch drehen.« »Das ist eine Ecke, und hier und hier auch. Das hier und das hier ist eine Kante, und die glatten Stellen, das sind die Flächen.« »Das ist eine Pyramide. Auch diese hat Ecken und Kanten. Und dies hier ist die Grundfläche.«
2	Leiterin bzw. Lehrkraft fordert das Kind dazu auf, die jeweils angesagten Körper zu erkennen und zu zeigen sowie deren Einzelteile und Eigenschaften zuzuordnen.	»Zeige mir bitte den Würfel, den Kegel, die Pyramide ...« »Weißt du auch noch, welches die Ecken, die Kanten, die Flächen sind?« »Und kannst du dich noch daran erinnern, was der Würfel, die Kugel, der Quader kann ...?«
3	Leiterin bzw. Lehrkraft gibt dem Kind die unterschiedlichen Körper in die Hand fordert es dazu auf, deren Namen, ihre Einzelteile und die jeweiligen Eigenschaften selbst zu benennen.	»Wie heißt dieser Körper?« »Wie heißen diese Teile?« »Mit welchem Wort kann man beschreiben, was dieser Körper kann?«

Tab. 6: Drei-Stufen-Lektion »Geometrische Körper«

Fortführungen

Nach den Grundeinführungen bietet es sich an, die Kinder zu folgenden Handlungen aufzufordern:

- alle Körper, die über die gleiche Grundfläche verfügen, nacheinander auf das entsprechende Grundflächentäfelchen aufsetzen
- alle Körper mit rechteckiger Grund- oder Seitenfläche heraussuchen
- die Körper mit quadratischer Grund- oder Seitenfläche bündeln
- mit den Körpern Reihen bilden, zum Beispiel derart, dass alle Körper, die nebeneinander stehen, über ein gemeinsames Merkmal verfügen
- die Körper in Partnerarbeit bearbeiten: Ein Kind nennt die Namen, das andere wählt den richtigen Körper aus. Oder ein Kind benennt einen Körper, und das andere Kind wählt diesen danach aus dem mit einem Tuch zugedeckten Korb oder mit geschlossenen Augen aus.

Die größte räumliche und soziale Reichweite erfährt die Arbeit mit den Geometrischen Körpern im Rahmen der folgenden Anwendung: Es werden jeweils zwei geometrische Körper ausgewählt (z. B. Kubus und Zylinder), und das Kind macht sich allein, zu zweit, oder in der Kleingruppe in der »Vorbereiteten Umgebung« auf die Suche, um aus dem gesamten Fundus der Montessori-Materialien ähnliche Körper herauszusuchen und diesen zuzuordnen.

Sprachmaterial

Im Grunde könnten alle Materialien aus der »Vorbereiteten Umgebung« als »Sprachmaterialien« bezeichnet werden. Denn wie die oben ausgeführten Wortlektionen im Rahmen der Einführungen der Sinnes- und Dimensionsmaterialien zeigen, tragen auch diese, ebenso wie die Mathematik-Materialien, zur Erweiterung des kindlichen Sprachschatzes und zum korrekten Sprachgebrauch bei.

Unabhängig hiervon zählen zum gesamten Materialsortiment aber auch solche Materialien, die eigens der kindlichen Sprachentwicklung dienen und die folglich vornehmlich zur Förderung des mündlichen und schriftlichen Sprachbildungsprozesses bzw. des grammatikalisch korrekten Gebrauchs der Sprache zum Einsatz kommen. Ebenso wie kleine Kinder »große Zahlen« lieben, haben sie auch ein großes Interesse daran, das »große Geheimnis« der faszinierenden Sprachwelt der Erwachsenen zu entschlüsseln, d. h. das Lesen und Schreiben zu erlernen.

Dies erklärt, warum einige Sprachmaterialien, wie zum Beispiel die »Metallenen Einsatzfiguren«, zum Teil über die gleichen Eigenschaften bzw. Gestaltungselemente verfügen wie die Sinnesmaterialien. Dieses Überschneidungsprinzip macht möglich, dass bereits vierjährige Kinder im handelnden Umgang mit bestimmten Materialien ihrem natürlichen Bedürfnis nach Struktur selbstbestimmt nachspüren und dabei zugleich ihre Bewegungsabläufe und (Fein)-Motorik schulen können (vgl. Abschnitt 3.2, »Mathematischer Geist«, S. 39 f., sowie »Sinnesentwicklung und Bewegung«, S. 41 ff.).

Entgegen damals gängigen Überzeugungen und geltenden Konventionen hinsichtlich des kindlichen Spracherwerbs ging Montessori davon aus, dass Kinder lange vor ihrem sechsten Lebensjahr dazu fähig sind, die Schriftsprache zu erlernen. Während das Kind den mündlichen Gebrauch seiner Muttersprache automatisch erwirbt (vgl. Abschnitt 3.2, »Absorbierender Geist«, S. 38 f.), setzt die geschriebene Sprache, d. h. das Lesen und Schreiben können, einen Prozess der lernenden Auseinandersetzung voraus. Dieser Überzeugung Montessoris ging die Beobachtung eines Phänomens bei vierjährigen Kindern voraus, welches sie als »Explosion der Schrift« bezeichnete, und was sie dazu motivierte, die bekannten Montessori-Sprachmaterialien zu entwickeln.

Die ersten Sprachmaterialien für den vorschulischen Bereich und die Grundschule zielen darauf ab, die kindliche Neugier auf die Welt der Buchstaben zu stillen, den

Sprachschatz zu erweitern und Kindern die Buchstaben-Laut-Verbindung, d. h. den Zusammenhang der Buchstabenformen mit ihrem Klang erfahrbar werden zu lassen. Im weiteren Verlauf kommen Sprachmaterialien zum Einsatz, die der Erschließung der grammatikalischen Strukturen dienen. Hierzu liegen Materialien vor, die von der Wortarten- über die Satzgliederbestimmung bis hin zum Erlernen der vier Fälle (Nominativ, Genitiv, Dativ und Akkusativ) reichen, einschließlich des Kennenlernens der lateinischen Bezeichnung der grundlegenden grammatikalischen Begriffe.

Das Sprachmaterial ist so konzipiert, dass es die Sprachfähigkeit des Kindes Schritt für Schritt erweitert. Zunächst entdecken die Kinder, zum Beispiel anhand der im nächsten Abschnitt näher vorgestellten »Lesedosen«, dass die einzelnen Wörter aus unterschiedlichen Lauten bestehen, die anhand bestimmter Schriftzeichen sichtbar gemacht werden können. Dass die einzelnen Wörter darüber hinaus unterschiedliche Funktionen haben, offenbart sich dem Kind hingegen in der sich hieran anschließenden Beschäftigung mit dem *»Bauernhof«* und den *»Wortsymbolen«*. Der nächstfolgenden Herausforderung, den Aufbau und die grammatikalische Struktur der Sätze zu erkennen, begegnet das Kind in der Auseinandersetzung mit den umfangreichen Materialien zur Satzanalyse, wie beispielsweise der *»Sterntabelle«*.

Vorstellung ausgewählter Materialien

Die **Metallenen Einsatzfiguren** bestehen aus zwei blauen Ständern mit jeweils fünf rosa Rahmen der Größe 14 × 14 Zentimeter. In diesen Rahmen befindet sich jeweils ein metallener, blau lackierter Einsatz, in dessen Mitte ein Knopf zum Greifen angebracht ist. Insgesamt gibt es also zehn dieser Einsätze (zwei Ständer mit fünf Rahmen mit jeweils einem Einsatz). Fünf dieser Einsatzfiguren sind durch gerade Linien gekennzeichnet (Quadrat, Rechteck, Dreieck, Fünfeck und Trapez), die fünf anderen durch gebogene Linien (Kreis, Ellipse, Eiform, Vierpass, Kreisbogendreieck). Die Maße dieser zehn Einsätze entsprechen denen der hölzernen Figuren aus der sogenannten »Geometrischen Kommode«. Vervollständigt wird das Material durch Buntstifte in möglichst vielen verschiedenen Farben, Malunterlagen in den Größen 14 × 14 Zentimeter, 20 × 20 Zentimeter und größer sowie durch Zeichenblätter in den gleichen Zuschnitt-Größen (Abb. 17).

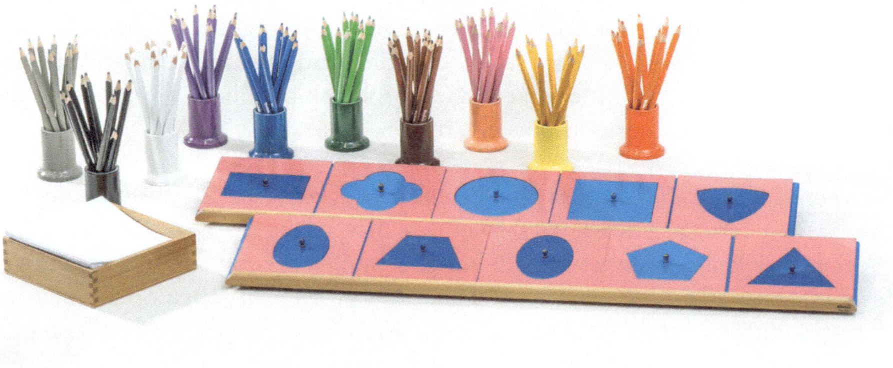

Abb. 17: Metallene Einsatzfiguren

Die Einsatzfiguren fordern das Kind dazu auf, die *unterschiedlichen Konturen* mit einem Farbstift nachzuzeichnen und die entstandenen Flächen konzentriert und sorgfältig mit bunten Streifen oder Karos zu verzieren, ohne dabei über die Außenlinien zu malen (Abb. 18).

Abb. 18: Metallene Einsatzfiguren mit Arbeitsergebnis

Dabei lernt das etwa vierjährige Kind bereits im Kinderhaus, diejenigen Muskeln zu beherrschen, die es für den Gebrauch des Stiftes und zur Regulierung des Schreibflusses beim Schreiben mit der Hand benötigt. Insofern leisten die Einsatzfiguren einen wirkungsvollen Beitrag zur Vorbereitung auf den nachfolgenden Schreiblernprozess. Ein weiterer Gewinn ist darin zu sehen, dass die Kinder im handelnden Umgang mit den Einsatzfiguren für unterschiedliche Farbkombinationen, Flächenverteilungen und geometrische Muster sensibilisiert werden.

Die »**Lesedosen**« beinhalten in der Regel fünf bis sechs bewusst ausgewählte Gegenstände. Dies können jedwede Utensilien aus dem Alltag oder Spielfiguren sein; entsprechend vielfältig gestaltet sich die inhaltliche Bestückung der Dosen. Die bei der Zusammenstellung einer »Lesedose« zu berücksichtigen Kriterien orientieren sich an unterschiedlichen Schwierigkeitsgraden: Zu Beginn des Leselernprozesses, d. h. wenn die Kinder bereits einige Buchstaben kennen, konzentriert sich die Auswahl auf einfache Gegenstände mit kurzer, lautgetreuer Schreibweise wie »Lama«, »Kamel«, »Löwe«, »Ente«, »Krokodil« (Abb. 19). Weitere Bestandteile des Materials sind ein Stift, neutrale Papierstreifen sowie je eine Namenkarte pro Gegenstand.[22]

Abb. 19: Einfache Lesedose

22 Beispielhafte Einführung s. S. 85 f.

In dieser Arbeitsphase erfährt das Kind, dass sich ein geschriebenes Wort aus einer bestimmten Gruppe von Lauten zusammensetzt, die anhand grafischer Zeichen repräsentiert werden. Darüber hinaus wird deutlich, dass ein geschriebenes Wort mit einer bestimmten Bedeutung einhergeht. Im weiteren Arbeitsverlauf wird die Auswahl der Doseninhalte zunehmend durch Gegenstände bestimmt, deren mehrsilbige, nicht lautgetreue Schreibweise die fortgeschrittenen Lesekinder vor neue Herausforderungen stellt. Besonders angesprochen fühlen sich Kinder von »Lesedosen«, deren Begriffe themenspezifisch (z. B. nach Tieren, Fahrzeugen, Blumen, usw.) geordnet sind.

Der für Kinder ab dem dritten Lebensjahr anregende und beliebte **Bauernhof** beherbergt nicht nur Tiere, sondern auch den Bauern und seine Familie, weitere Bedienstete wie Knecht und Magd sowie unterschiedliche landwirtschaftliche Fahrzeuge und Werkzeuge (Abb. 20).

Abb. 20: Bauernhof

Sobald Kinder erste Wörter eigenständig erlesen können, lernen sie anhand des vielfältigen »Bauernhof-Inventars« nach und nach die *unterschiedlichen Wortarten* kennen. Darüber hinaus erfahren die Kinder im angeleiteten, handelnden Umgang mit den Figuren und Gegenständen, welche *Funktionen* diese innerhalb eines Satzes erfüllen. Zur visuellen Unterstützung und besseren Einprägung werden die für die unterschiedlichen Wortarten zutreffenden *Wortsymbole* (Dreiecke und (Halb)-Kreise unterschiedlicher Größe und Farbgestaltung, Halbmond, Kegelform) hinzugezogen. Das »Bauernhof-Material« dient nicht nur der Wortartenbestimmung, sondern trägt auch zur Wortschatzerweiterung bei.

Die »**Sterntabelle**« mit ihrem unübersehbaren großen roten Kreis in der Mitte befindet sich auf einer Platte von ca. 40 × 50 Zentimetern. Um den Kreis herum sind – in sternenmäßiger Anordnung – schwarze und orangene Pfeile mit den unterschiedlichen Personen- und sachbezogenen Fragewörtern (Interrogativpronomen und Kasus) ausgewiesen. An der Spitze dieser Pfeile sind große schwarze Kreise in unterschiedlicher Größe angeordnet, sowie kleinere Kreise in orangener Farbe. Zur Einführung der »Sterntabelle« werden zusätzlich neutrale Papierstreifen, ein Stift und eine Schere benötigt.

Bei der Arbeit mit diesem »Starterset« macht das Kind die Entdeckung, dass ein Satz aus einzelnen Satzteilen besteht, und es erkennt, dass diese unterschiedliche Funktionen haben, wie zum Beispiel bei »Michael fotografiert Nele« in der folgenden Abbildung 21.

Abb. 21: Sterntabelle mit Pfeilen und Kreisen

Sobald Kinder ein wenig lesen und schreiben können, schließt sich die weiterführende Arbeit mit der »Sterntabelle« zur Erschließung der grammatischen Funktionen *Prädikat*, *Subjekt* und *Objekt* an. Hierfür stehen folgende zusätzliche Materialien bereit: eine Dose mit schwarzen, nicht beschrifteten Pfeilen, roten Kreisen und schwarzen Kreisen in unterschiedlicher Größe, eine Dose, in welcher sich Pfeile mit den Aufschriften »Wer ist es, der …?« und »Wen? Was?« sowie rote und schwarze Kreise befinden, sowie Blätter mit Serien von Sätzen aus der Literatur, Papierstreifen und eine Schere.

Beispielhafte Einführung: »Lesedosen«

In einem ersten Schritt stellt das Kind die einzelnen Gegenstände nacheinander auf den Tisch und nennt sie jeweils beim Namen (Abb. 22).

Abb. 22: Gegenstände aus der Lesedose

Sobald alle Gegenstände auf dem Tisch stehen, ergreift die einführende Leiterin das Wort: »Jetzt bin ich aber gespannt, ob du herausfindest, was ich gerne haben möchte«, und schreibt den Namen des gewünschten Gegenstands – gut einsehbar für das Kind – in großer Schrift und in langsamen Bewegungen auf einen Papierstreifen. (Abb. 23)

Abb. 23: Gegenstand und geschriebenes Wort

In der Regel erkennen die Kinder, die im Leselernprozess noch nicht so weit fortgeschritten sind, zumindest den ersten Buchstaben und haben Freude daran, das jeweilige Wort zu erraten. Die schon fortgeschrittenen Kinder hingegen versuchen erfahrungsgemäß, das ganze Wort zu erlesen. Nachdem diese Herausforderung – mit mehr oder weniger Unterstützung durch die Erzieherin oder Lehrkraft – gemeistert wurde, legt das Kind den Zettel zu dem entsprechenden Gegenstand. Auf die gleiche Weise fährt es fort, bis alle Gegenstände bearbeitet sind.

Fortführungen

- Nachdem die angeleitete Einführung in die Arbeit mit der Lesedose auf obige Weise abgeschlossen ist, kann das Kind mit den vorbereiteten Namenkarten alleine weiterarbeiten.
- Das Kind bearbeitet weitere »Lesedosen« mit neuen Gegenständen bzw. Begriffen.
- Sprachlich interessant und anregend sind »Lesedosen« für Kinder auch dann, wenn ihr Inhalt aus Gegenständen besteht, die zusammengenommen ein bestimmtes Themenfeld abbilden, das es zu erraten gilt. Befinden sich beispielsweise ein »Auto«, »Zug« und »Flugzeug«, sowie eine »Kutsche« und ein »Traktor« in der Dose, werden die Kinder dazu motiviert, weitere Fahrzeuge bzw. Fortbewegungsmittel zu finden und über deren richtige Verschriftlichung nachzudenken.
- Weitere Lautierungsalternativen ergeben sich, wenn Gegenstände ausgewählt werden, in deren Schriftbild sich zwar mehrmals der gleiche Vokal befindet, die-

ser aber unterschiedlich betont wird. Zum Beispiel das »e« in »Esel«, »Ente« oder »Perle«.

- Für bereits weit fortgeschrittene Lesekinder, die sich gerne herausfordern lassen, können kniffelige »Lesedosen« bereitgestellt werden, deren Gegenstände bzw. deren Namen spezifische Merkmale aufweisen. Dies ist zum Beispiel dann der Fall, wenn Buchstaben ausgetauscht werden und sich dadurch die Bedeutungen der Wörter verändern: So wird, wenn ein »d« in ein »g« verwandelt wird, aus der »Nadel« ein »Nagel«.

Mathematik-Material

Wie schon beim Schriftspracherwerb, so war Montessori auch bei der Entwicklung der Mathematik-Materialien von der Überzeugung geleitet, dass Kinder im Vorschulalter zu größeren Leistungen fähig sind, als zu ihrer Zeit angenommen wurde. Ihre Auffassung, dass große Zahlen eine große Faszination auf Kinder ausüben, bestätigten ihre Beobachtungen im Kinderhaus. Hierbei zeigte sich, dass schon vier- und fünfjährige Kinder, die mit den Basismaterialien zur Bildung des Zahlbegriffs und zur Einsicht in das Dezimalsystem vertraut waren, das arithmetische System anwenden konnten. Entsprechend anspruchsvoll gestalten sich die Mathematik-Materialien für die Sekundarstufe.

Die beiden Materialsortimente zur sprachlichen und mathematischen Bildung streben danach, dem anthropologisch begründeten »Mathematischen Geist« des Kindes Rechnung zu tragen (vgl. S. 39 ff.). Folglich zielen diese, insbesondere aber die Mathematik-Materialien darauf ab, den kindlichen Drang nach Ordnung und Struktur zu befriedigen und die natürliche Fähigkeit des Kindes zum logischen und abstrakten Denken zu fördern. Wie schon das Sinnes-, Dimensions- und Sprachmaterial, so regen auch die Mathematik- und Geometriematerialien das Kind bereits im Kinderhaus dazu an, über das allgemeine, einfache Wahrnehmen der Dinge hinaus zu gehen. Ein weiteres besonderes Verdienst dieser Materialien liegt darin, das Kind dazu zu motivieren, die aus der Umgebung absorbierten Sinneseindrücke nach ausdrücklich mathematischen und geometrischen Kriterien zu ordnen.

Dieser Zielsetzung folgend, entwickelte Maria Montessori Materialien, deren Gebrauch bereits im Kinderhaus auf die Bewältigung der künftigen anspruchsvollen Herausforderungen in der höheren Mathematik und Geometrie vorbereiten. Wie die Sprachmaterialien, so schließen sich auch die Mathematik- und Geometriematerialien für den Kinderhausbereich eng an die Beschaffenheit und Funktion des Sinnesmaterials an. Dies gilt zum Beispiel für das im Folgenden näher beschriebene Material »Numerische Stangen«, welches über dieselbe Form und Dimension verfügt wie die »Roten Stangen«. Indem das Kind sich anhand der konkreten Materialien darin übt, Vergleiche zu ziehen, Synthesen zu bilden und in abstrakten Kategorien zu denken, vervollkommnen sich seine kognitiven Fähigkeiten. Diese Tatsache begründet, dass häufig schon vier- und fünfjährige Kinder Aufgaben in großen Zahlenräumen lösen können, die – für pädagogische Fach- und Lehrkräfte und Interessierte ohne Erfahrungen im Bereich der Montessori-Pädagogik – auf den ersten Blick als zu schwer erscheinen.

Darüber hinaus ermöglicht die Struktur und Systematik der Materialien auf anschauliche Weise, dem Kind den Zusammenhang zwischen Arithmetik, Algebra und Geometrie erfahrbar werden zu lassen.[23] Dies trifft in besonderem Maße bei den ebenfalls auf Seite 89 vorgestellten »Goldenen Perlen« zu. Denn anhand dieses Materials können dem Kind nicht nur Zahlen und mathematische Operationen vermittelt werden, sondern zugleich auch klare Vorstellungen hinsichtlich der unterschiedlichen Mengen- sowie der geometrischen Formen- und Körperverhältnisse.

Im Rahmen des Einsatzes der weiterführenden Materialien, wie zum Beispiel des auf Seite 90 vorgestellten »Markenspiels«, erwirbt das Kind Zahlvorstellungen, es lernt das Zählen, es gewinnt Einblicke in die Struktur des Dezimalsystems und erwirbt die mathematischen Grundrechenarten (Addition, Subtraktion, Multiplikation und Division).

Vorstellung ausgewählter Materialien

Die **Numerischen Stangen** sind den Kindern nicht ganz fremd, denn sie entsprechen bezüglich Umfang und Länge dem üblicherweise bereits zuvor eingeführten Dimensionsmaterial »Rote Stangen« (s. S. 69). Anhand der insgesamt zehn – im Wechsel rot und blau lackierten – Stangen (Abb. 24) und den zehn dazugehörenden Ziffernbrettchen erlernen die Kinder den Erwerb der Zahlenbegriffe sowie das Zählen von 1 bis 10.

Abb. 24: Numerische Stangen

23 Alle mathematischen Materialien sind hinsichtlich ihrer Größenordnungen und in der Farbgebung nahezu ausnahmelos aufeinander abgestimmt: Die Tausender sind jeweils grün, die Hunderter rot, die Zehner blau und die Einer ebenfalls grün.

Die **Goldenen Perlen** nehmen innerhalb des umfassenden und vielfältigen mathematischen Gesamtsortiments eine zentrale Schlüsselstellung ein (vgl. Abschnitt 4.2, »Qualitätsmerkmale der Freiarbeitsmaterialien«, S. 57 ff.). Und dies zu Recht, denn dieses Material übt eine große Faszination auf kleine bzw. mathematisch noch unerfahrene Kinder aus: Sobald ein Kind – zum Beispiel anhand der Numerischen Stangen – bis 10 zu zählen gelernt hat, kann es auf anschauliche, gut nachvollziehbare Weise in die Arbeit mit den Goldenen Perlen eingeführt werden. Danach ist es rasch dazu in der Lage, auch anspruchsvolle Rechenaufgaben im Bereich der *Addition*, *Multiplikation*, *Subtraktion* und *Division* selbstständig zu lösen.

Möglich und nachvollziehbar wird dieses im Allgemeinen allzu häufig im Verborgenen bleibende mathematische Talent im frühen Kindesalter vor dem Hintergrund der Tatsache, dass die Logik der Rechenoperationen im handelnden Umgang mit den Materialien nicht im Abstrakten verbleibt. Vielmehr führt die Visualisierung der einzelnen Rechenschritte dazu, dass die mathematische Stringenz der Grundrechenarten von den meisten Kindern bereits im Vorschulalter anschaulich nachvollzogen und – nach der Einführung in die Materialien – autonom ausgeführt werden kann.

Zum *vollständigen Materialsatz* des Goldenen Perlenmaterials gehören (s. auch Abb. 25): Ein goldener Kubus, zehn Goldquadrate, 45 goldene Zehnerstangen, eine Dose mit 100 goldenen Einerperlen, ein Holztablett mit neun hölzernen Tausenderwürfeln und 45 Hunderterquadraten, drei Kästchen mit dem kleinen Kartensatz von 1–3000 und ein Kästchen mit dem kleinen Kartensatz von 1–9000, sowie zwei große Kartensätze von 1–1000 und 1–9000. Holztabletts und Schälchen komplettieren das Materialset.[24]

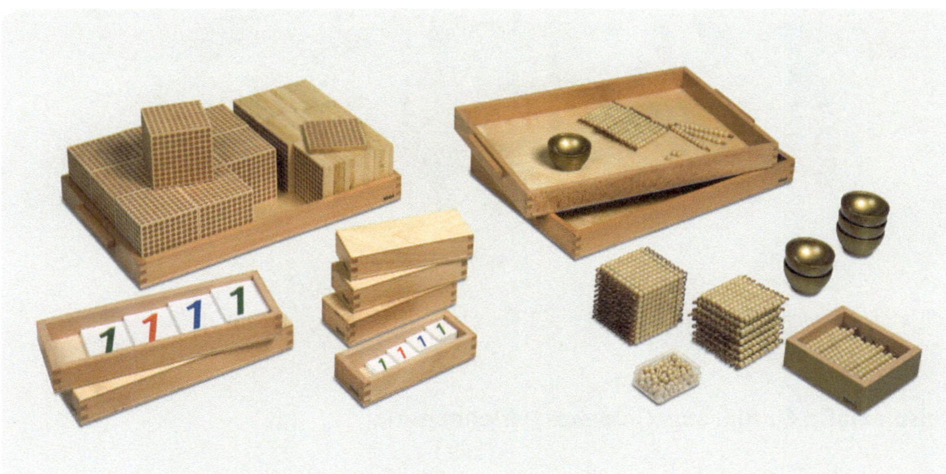

Abb. 25: Goldenes Perlenmaterial – vollständiger Materialsatz

24 Beispielhafte Einführung s. S. 90 ff.

Das ebenfalls schon im Kinderhaus vorhandene, hier zumeist aber »nur« zur Addition und ggf. Subtraktion genutzte **Markenspiel** kommt in seiner vollen Funktion, d. h. zum Erwerb und zur *Übung aller Grundrechenarten*, vor allem in der Grundschule und auch in der Sekundarstufe I zum Einsatz. Seine Einzelteile bestehen insgesamt aus 89 grünen Einer-, 89 blauen Zehner-, 89 roten Hunderter- und neun grünen Tausender-Plättchen. Ferner gehören neun grüne, neun blaue, neun rote kleine Kegel und je ein runder Chip in den Farben Grün, Blau und Rot dazu.

Kommt das Markenspiel zum Einsatz, werden darüber hinaus zwei kleine Kartensätze bis 3 000, ein kleiner Kartensatz bis 9 000 und ein großer Kartensatz bis ebenfalls 9 000 *aus dem Goldenen Perlenmaterial* benötigt. Zusätzlich werden Aufgabenkarten zu den vier Grundrechenarten (Addition, Subtraktion, Multiplikation und Division) benötigt, auf deren Rückseiten sich die Lösungen befinden (Abb. 26).

Abb. 26: Markenspiel

Beispielhafte Einführung: Goldenes Perlenmaterial

Die Einführung in das Goldene Perlenmaterial zielt darauf ab, den Kindern die Mächtigkeit der Größenordnungen *Einer*, *Zehner*, *Hunderter* und *Tausender* – und damit die grundlegende Struktur des Dezimalsystems – erfahrbar werden zu lassen. Im Rahmen der diesbezüglich handelnden Auseinandersetzung werden die Kinder zugleich mit den Darstellungsformen und Namen der jeweiligen Größenordnungen bekannt gemacht. Darüber hinaus werden die Kinder anhand des »Goldenen Perlenmaterials« mit den basalen geometrischen Grundformen Punkt, Linie, Fläche und Körper konfrontiert und insofern indirekt auf die Geometrie vorbereitet. Zur Einführung des Goldenen Perlenmaterials wird das bestückte Einführungstablett hinzu gezogen. D. h. es liegen in übersichtlicher Anordnung ein Tausenderwürfel, zehn Hunderterplättchen, zehn Zehnerstangen und zehn einzelne Perlen bereit (Abb. 27).

Abb. 27: Goldenes Perlenmaterial – Einführungstablett

Nachdem das Einführungstablett aus dem Regal geholt und so auf dem Tisch abgelegt wurde, dass das Kind einen freien Blick darauf hat, nimmt der bzw. die Einführende von jeder Kategorie einen Vertreter heraus und nennt dazu den jeweiligen Namen: »Das ist ein Einer, das ist ein Zehner, das ist ein Hunderter, das ist ein Tausender …« Es folgt eine *Drei-Stufen-Lektion* über Einer, Zehner, Hunderter, Tausender.

In der ersten Stufe (1) nennt die Pädagogin bzw. der Pädagoge die jeweiligen Perlenmengen nochmals beim Namen und legt diese in die Hand des Kindes, damit es die entsprechenden Namen nochmals konzentriert hören, sowie deren Form und Gewicht erspüren kann (Abb. 28).

Abb. 28: Erste Arbeit mit den Goldenen Perlen

Im nächsten Schritt (Stufe 2) vermischt die anleitende Lehrkraft bzw. Erzieherin jeweils eine Einheit der vier unterschiedlichen Größenordnungen und fordert das Kind auf: »Gib mir bitte den Zehner, den Hunderter, den Einer, den Tausender.« In abgewandelter Form darf das Kind eine bestimmte Kategorie selbst auswählen und den entsprechenden Stellenwert benennen, oder diesen durch die Leiterin benennen lassen.

Ausgesprochen große Freude haben Kinder, wenn sie das Material an einem frei gewählten Ort im Schul- oder Kinderhaus selbst ablegen und danach wieder zurückzuholen dürfen. Die letzte Aufforderung (Stufe 3) besteht schließlich darin, dass das Kind den Stellenwert selbst benennt, zum Beispiel: »Das ist ein Einer, das ist ein Hunderter …« In Verbindung mit der letztgenannten, dem Bewegungsdrang der Kinder förderlichen »Deponieübung« führt dieser abschließende Übungsschritt erfahrungsgemäß dazu, dass sich die Begriffsbildung bereits nach kurzer Zeit festigt.

Fortführungen

Im Weiteren geht es darum, das Kind dazu zu motivieren, möglichst häufig mit den eingeführten Kategorien zu hantieren. Wichtig ist in diesem Zusammenhang, die einbezogenen Größenordnungen stets mit den Namen der jeweils entsprechenden Stellenwerte in Verbindung zu bringen. Denn ein sicherer Umgang mit den »Goldenen Perlen« bildet die grundlegende Voraussetzung dafür, die im Kontext des Dezimalsystems zu stellenden Anforderungen allmählich zu erhöhen. Eine diesbezüglich erforderliche Steigerung des Schwierigkeitsgrades bezieht sich auf die Bildung von Mengen, die dezimale Beziehung zwischen den Stellenwerten sowie den Aufbau und das Auslegen derselben. Zu deren Einführung bieten sich die folgenden Vorgehensweisen an:

- Bildung von Mengen

Das »Goldene Perlenmaterial« (zunächst nur das Einführungstablett, danach der vollständige Materialsatz) wird an einem bestimmten Platz im Zimmer ausgelegt (z. B. auf der Fensterbank oder in einer Ecke des Zimmers). Nun wird das Kind aufgefordert, eine bestimmte Art und Anzahl von Perlen zu holen: »Bitte hole mir fünf Zehnerstäbchen und lege sie aufs Brett« (Abb. 29).

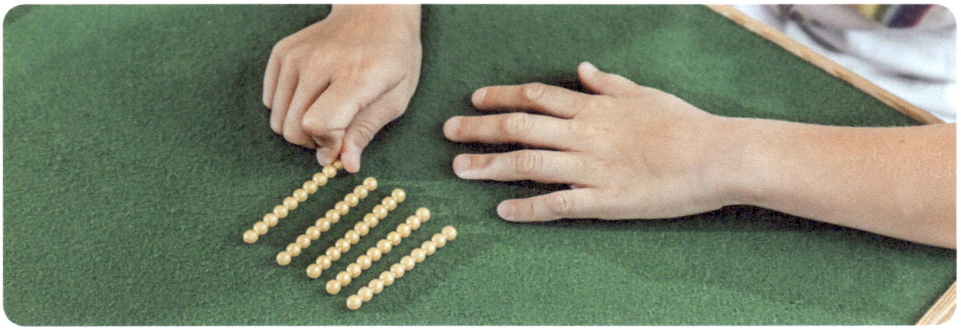

Abb. 29: Zehnerstäbchen

»Und nun hole und lege bitte noch zwei Hunderter, sechs Einer, drei Tausender dazu« (Abb. 30).

Abb. 30: Zehnerstäbchen, Hunderterplättchen, Einer-Perlen und Tausenderwürfel

Auch bei dieser Übung bietet sich an, das Kind dazu anzuregen, eigene Aufgabenstellungen zu kreieren, d. h. Kategorien selbst auszuwählen und deren Stellenwerte zu benennen.

- Dezimale Beziehung zwischen den Stellenwerten

Zunächst legt die Erzieherin bzw. Lehrkraft eine Einer-Perle sowie ein Zehnerstäbchen auf den Tisch. Sodann zeigt sie dem Kind, wie sich die Perlen des Zehnerstäbchens anhand der Einer-Perle abzählen lassen: Indem die Einer-Perle nacheinander an jede Perle des Stäbchens gelegt wird, zählt die Einführende von 1 bis 10 und fasst abschließend zusammen: »Ein Zehner hat zehn Einer!« (Abb. 31).

Abb. 31: Dezimalbeziehung »Einer-Zehner«

Anschließend nimmt sie das Zehnerquadrat dazu und verfährt damit auf die gleiche Weise wie mit dem Zehnerstäbchen. Diesen Aufgabenteil beendet die Erzieherin bzw. Lehrkraft mit dem Ergebnis: »Ein Hunderter hat zehn Zehner!« (Abb. 32).

Abb. 32: Dezimalbeziehung »Zehner-Hunderter«

Zum Abschluss der Übung wird ebenso ermittelt, aus wie vielen Hunderterquadraten der Tausenderwürfel besteht (Abb. 33):

Abb. 33: Dezimalbeziehung »Hunderter-Tausender«

- Aufbau der Stellenwerte

Der bzw. die Einführende legt eine Einer-Perle vom Tablett auf den Tisch und spricht: »Ein Einer!«. Nun wird der ersten Perle eine weitere Perle zugefügt: »Zwei Einer!«. Entsprechend wird fortgefahren, bis insgesamt zehn Einer-Perlen auf dem Tisch liegen. Dabei spricht die Lehrkraft bzw. Erzieherin: »Für zehn Einer legen wir einen Zehner!« und tauscht die zehn Einer-Perlen gegen ein Zehnerstäbchen aus (Abb. 34).

Abb. 34: Zehneraufbau

Ebenso werden im Anschluss daran der Hunderter aus zehn Zehnern und der Tausender aus zehn Hundertern aufgebaut.

- Auslegen der Stellenwerte

Für diese Darbietung wird ein kleiner Teewagen oder Beistelltisch benötigt, auf dem 45 Einer-Perlen, 45 Zehnerstäbchen, 45 Zehnerquadraten und 45 Zehnerwürfel abgelegt sind. Im Hinblick auf diese Materialfülle wird diese Übung nicht auf dem Tisch, sondern auf dem Arbeitsteppich auf dem Boden durchgeführt:

Als erstes legt die Leiterin den Tausenderkubus auf dem Arbeitsteppich ab. Etwa 10 Zentimeter unterhalb und 30 Zentimeter rechts vom Kubus platziert sie eine Einer-Perle und spricht dazu: »Ein Einer!«. Etwa 10 Zentimeter unterhalb der eben platzierten Einer-Perle werden die nächsten zwei Einer-Perlen mit den Worten »Zwei Einer!« abgelegt. Entsprechend fährt die Leiterin fort, bis sie neun Einer-Perlen gelegt hat. An dieser Stelle teilt sie mit: »Ein Einer mehr ergibt zehn Einer, und das ist ein Zehner!«. Danach legt sie ein Zehnerstäbchen etwa 15 Zentimeter links neben der ersten Einer-Perle ab.

In der gleichen Art und Weise ordnet der bzw. die Einführende alle weiteren Zehner an und benennt schrittweise die jeweils abgebildeten Mengen. Das Auslegen aller Stellenwerte führt abschließend zu einem Aufbau wie in Abbildung 35 gezeigt.

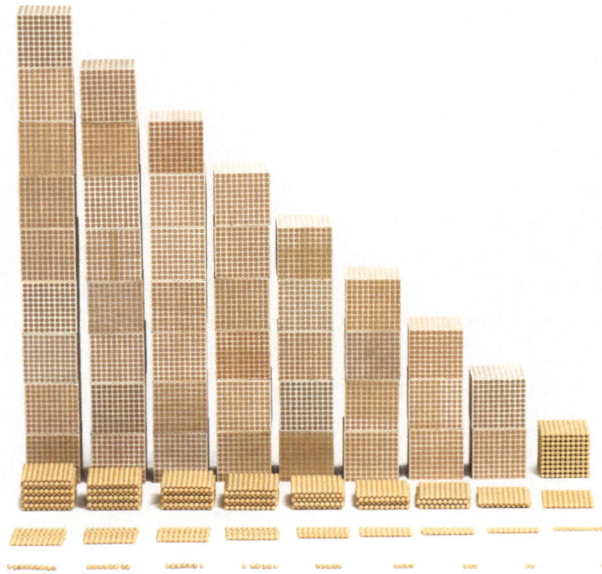

Abb. 35: Auslage aller Stellenwerte

- Weitergehende Übungen

Im Anschluss an die obigen Darbietungen und Übungen lässt die Lehrkraft bzw. Erzieherin das Kind aus der Auslage aller Stellenwerte (Abb. 35) bestimmte Mengen selbst heraussuchen, darstellen und benennen. Eine Alternative besteht darin, dass eine bestimmte Menge ausgelegt und diese vom Kind benannt wird. Wenn das Kind das »Goldene Perlenmaterial« sicher beherrscht, kann es diese Übungen auch in Partnerarbeit mit einem anderen Kind gemeinsam durchführen.

Kosmische Erziehung – Kosmisches Material

Die »Kosmische Erziehung« hat zum Ziel, Weltverstehen anzubahnen, d. h. dem Kind eine sowohl ganzheitliche als auch eine detailbezogene Vorstellung davon zu vermitteln, wie sich das Zusammenspiel zwischen Natur, Mensch und Kultur gestaltet. Im Kern geht es hierbei zunächst vorrangig darum, die natürliche Neugier und Aufgeschlossenheit der Kinder hinsichtlich der kleinen und großen Wunder der Natur und des Menschseins wahrzunehmen, zu würdigen und zu fördern, d.h. die Kinder zum Staunen zu bringen.

In diesem Sinne werden den Kindern möglichst früh erste Einblicke in die Wissensbestände der Geographie, Astronomie, Geologie, Chemie, Physik, Biologie, Politik, Soziologie und Geschichte gewährt. Dementsprechend ist das Kinderhaus der Ort, an welchem zunächst Fragen nach dem »Was« (Was gibt es?) und dem »Wie« (Wie ist es?) behandelt werden. Insofern stellt die inhaltliche Auseinandersetzung mit den Kosmischen Materialien im Kinderhaus eine Vorbereitung auf die – gemäß Montessoris Entwicklungsmodell – eigentlich erst in der Grundschule vorgesehene »Kosmische Erziehung« dar (s. Abschnitt 3.2., »Kosmische Theorie«, S. 30f., und Tab. 2, S. 47).

In der Grundschule selbst steht hingegen eine stärker ausdifferenzierte Art der Welterkundung an. Hier rücken die Fragen nach dem »Warum?« sowie nach den großen Zusammenhängen unseres Lebens ins Zentrum der Betrachtungen. In diesem Kontext nehmen die folgenden – nach Camillo Grazzini[25] – sechs aufeinander aufbauenden Kosmischen Geschichten bzw. Erzählungen einen bedeutsamen Stellenwert ein (vgl. Schaub 2013, S. 13):

- »Die Große Erzählung von der Entstehung des Universums: Gott, der keine Hände hat«
- »Die Große Erzählung von der Entwicklung des Lebens auf der Erde«
- »Die Große Erzählung vom Erscheinen des Menschen auf der Erde«
- »Die Große Erzählung ›Der Ochse und das Haus‹« (Einführung in die Entwicklung der Schriftsprache und des Alphabets)
- »Die Große Erzählung über die Entstehung der Zahlen und des Rechnens« (Einführung in die Mathematik)
- »Die Geschichte ›Das Land oder die Nation des großen Flusses‹« (Einführung in die menschliche Physiologie und Anatomie)

Diese panoramaartigen Überblicke stellen die grundlegenden Entstehungsvoraussetzungen des gesamten Universums einschließlich des menschlichen Lebens auf kindgemäß anschauliche Weise dar. Zur diesbezüglichen visuellen Unterstützung und Motivierung der Kinder bzw. Schülerinnen und Schüler stehen unterschiedliche Jahres- bzw. Zeitenketten (Tageskette, Monatskette, Jahreskette, Lebenskette, Hunderterkette, Tausenderkette, Zehntausenderkette, …), sowie diese vielfältig ergänzende Text- und Bildmaterialien und Gegenstände (z.B. Anlegekarten, Tier- und andere Figuren oder Alltagsgegenstände aus den unterschiedlichen Epochen) zur Verfügung.

25 Maria Montessori selbst hat lediglich fünf Kosmische Geschichten benannt. Vier Jahre nach Maria Montessoris Tod führte ihr Sohn Mario Montessori in Perugia (Italien) eine einmonatige Fortbildungsveranstaltung zur Kosmischen Erziehung für praktizierende Montessori-Pädagoginnen und -Pädagogen durch. Einer der Teilnehmer war Camillo Grazzini, der seither maßgebliche Beiträge zur Weiterentwicklung und Verbreitung der Kosmischen Erziehung geleistet hat (Schaub 2013, S. 12).

Zu Beginn der Einführung einer Erzählung wird die entsprechende Perlenkette ausgerollt. Danach werden die dazugehörenden Zeit- bzw. Epochenpfeile angelegt. Im Anschluss daran werden – dem Fortlauf der Geschichtenerzählung durch die Lehrkraft entsprechend – die passenden Materialien angelegt, wie zum Beispiel Text- und Bildkarten oder Dinosaurier-Figuren zur näheren Erläuterung und Visualisierung vormenschlicher Lebewesen in der Geschichte zur Entwicklung des Lebens. Im – in der Praxis allerdings eher selten anzutreffenden – Idealfall werden den Kindern diese Geschichten frei, gut betont und auf fesselnde Art und Weise erzählt.

Im Vergleich zu den in den Bereichen Sprache und insbesondere Mathematik von Montessori selbst entwickelten umfassenden Materialbeständen fällt das ursprüngliche Materialsortiment zur »Kosmischen Erziehung« insgesamt betrachtet eher bescheiden aus.

Grundlegend und von nachhaltigem Wert ist das von Maria Montessori und ihrem Sohn Mario entwickelte Konzept bezüglich der oben erwähnten »großen Erzählungen« sowie der Unterrichtsmittel zur Botanik, Zoologie und Geografie, wie zum Beispiel die »Biologische Kommode«, die Materialien zur Klassifizierung von Tieren oder die »Globen« (s. S. 61).

Neben den großen kosmischen Erzählungen und den darauf bezogenen Ketten und Anlegematerialien bieten die in der »Vorbereiteten Umgebung« bereitgestellten Gerätschaften weitere Anregungen zur Durchführung von naturwissenschaftlichen Experimenten. Die mittlerweile von verschiedenen Verlagen angebotenen Kosmischen Materialien und Experimente-Sets sind zumeist mit einem erheblichen Kostenaufwand verbunden. Einige dieser Materialien stehen jedoch als kostengünstigere Variante in Form von Selbstbausätzen zur Verfügung.[26]

Ferner zählen Lerngänge und Naherfahrungen in Wald, Feld und Flur sowie kulturelle Unternehmungen zu den festen Programmpunkten der »Kosmischen Erziehung«. Die vielfältigen Materialien, Experimente sowie Natur- und Kulturbegegnungen tragen dazu bei, dass die Kinder in die basalen kosmischen Zusammenhänge eingeführt und zum Nachdenken über die großen Fragen des Lebens angeregt werden können (vgl. S. 97).

Vorstellung ausgewählter Materialien und Einführungsbeispiele

Die »**Tageskette**« besteht aus 24 farbig lackierten Holzperlen mit einem Durchmesser von ca. 5 Zentimetern. Jede Perle bildet eine Stunde des Tages ab, wobei die unterschiedliche Farbgebungen der Perlen jeweils auf den Tagesverlauf bzw. auf die unterschiedlichen Tageszeiten abgestimmt sind: Die 12 Tagesperlen für den (frühen) Morgen, Vormittag und (früheren) Nachmittag sind in abnehmend hellen und leuch-

26 Diesbezüglich verdienstvolle Entwicklungen und praktische Anregungen gehen zurück auf die Arbeiten von Thomas Helmle, Petra Wöbcke-Helmle und Markus Wurster, s. »Literaturempfehlungen und nützliche Adressen« im Anhang, S. 135.

tenden Farben gehalten (z. B. weiß, gelb, orange, rot). Die Perlen für die Abend- und Nachtstunden sind in zunehmend dunkleren Farben lackiert (blau, lila, schwarz). Ergänzt wird dieses Material durch folgende Anlegematerialien (Abb. 36):

- Uhrzeitenpfeile, auf welchen die 24 vollen Stunden des Tages aufgedruckt sind
- Bildkarten, auf denen zu den unterschiedlichen Tageszeiten passende Tätigkeiten abgebildet sind (z. B. Zähneputzen, Mittagessen, Gute-Nacht-Geschichte lesen)
- Wortkarten, auf denen zu den unterschiedlichen Uhr- bzw. Tageszeiten passende Tätigkeiten oder Begriffe schriftlich festgehalten sind
- leere Kärtchen zur eigenen Gestaltung (zum Bemalen oder Beschriften)
- ggf. Gegenstände oder Figuren, die den Tageszeiten zugeordnet werden können

Abb. 36: Tageskette mit Anlegematerialien

Im Kern zielt die Arbeit mit der »Tageskette« darauf ab, das Phänomen Zeit in seiner allgemeinen Ausprägung und Relevanz in das kindliche Bewusstsein zu rücken – insbesondere auch den *zeitlichen Zyklus der eigenen Lebensführung*. Im spielerischen Umgang mit der »Tageskette« lernen die Kinder, ihre eigenen Tätigkeiten einzuordnen und ihren Tagesablauf zunehmend selbst zu planen. »Die Tageskette« ist in jedem Kinderhaus zu finden, kommt aber auch im Anfangsunterricht in der Grundschule zum Einsatz.

Zunächst wird die »Tageskette« als Kreis auf dem Boden bzw. Arbeitsteppich ausgelegt. Im Anschluss werden die weiteren Zusatzmaterialien, d. h. die Uhrzeitpfeile, die (fertigen oder selbst gemalten) Bildkarten, Wortkarten und ggf. weiteren Gegenstände passend zugeordnet, wie auf der Abbildung 36 zu sehen ist. Schon während des Auslegens werden die Kinder dazu aufgefordert, ihre persönlichen Erfahrungen anhand der Auslegekärtchen zu kommentieren. Nachdem die Tageskette vollständig bestückt ist, d.h. alle Materialien den passenden Uhr- bzw. Tageszeiten zugeordnet wurden, bietet sich abschließend an, die im Tagesverlauf anfallenden Erledigungen nochmals zu bündeln und im Gesamtzusammenhang zu würdigen. Eine ggf. selbst erfundene lustige Geschichte, zum Beispiel über die Last und Lust der Alltagsroutinen, stellt eine bereichernde Möglichkeit dar, die Motivation und Aufmerksamkeit der Kinder zu erhalten.

Fortführungen

- Parallel zur Darbietung der Tageskette schreibt die einführende Erzieherin oder Lehrkraft die Tätigkeiten – gut sichtbar für das Kind – auf die leeren Kärtchen.
- Sobald die Kinder der Schriftsprache mächtig sind, können sie die entsprechenden Tätigkeiten als Begriff oder kurzen Satz auch selbst festhalten.

Die aus 365 Perlen bestehende **Jahreskette** (Abb. 37) bildet alle Tage des Jahres ab und dient folglich dazu, den Jahreszyklus zu erkunden. Wie schon bei der Tageskette, so ist auch hier die Farbgebung den jahreszeitlich wechselnden Gegebenheiten (Winter, Frühling, Sommer und Herbst) angepasst.

Abb. 37: Jahreskette mit Anlegematerialien

Anhand dieser Kette lassen sich nicht nur die Jahreszeiten, sondern auch die Geburtstage der Kinder sowie weitere Feste und Feiertage des Jahres und eine Vielzahl anderer relevanter Ereignisse zuordnen, die dem natürlichen und kulturellen Jahreslauf bzw. der Lebenswelt der Kinder entsprechen. Auch hierfür stehen vielfältige Textkarten, Bildkarten und Anlege-Pfeile zur Verfügung.

Während die »Tageskette« den überschaubaren Zeitrahmen eines Tages und die »Jahreskette« die Monate, Wochen und Tage des Jahres aufgreift, entfaltet das **»Schwarze Band«** mit seinen 4,6 Milliarden Jahren nicht nur das größte Ganze, sondern verweist zugleich auch auf die Details. Insgesamt thematisiert dieses Material die folgenden Zeiträume:

- Entstehung und Abkühlung der Erde – ohne Leben (gelb, orange, braun) – Urzeit der Erde
- Bakterien besiedeln und verändern die Erde (hellviolett, dunkelrot) – Erdfrühzeit
- Einzeller entstehen in den Meeren (dunkelviolett) – Erdfrühzeit
- Vielzelliges Leben entsteht im Meer – Besiedelung des Landes durch Pilze, Moose, Farne und Tiere (blau) – Erdaltertum
- Zeit der Saurier und Samenpflanzen (grün) – Erdmittelalter
- Zeit der Säugetiere, der Blütenpflanzen und des Menschen (rot, violett, rosa) – Erdneuzeit [27]

Ein anschauliches Einführungsbeispiel dazu, auf welche Weise der oben skizzierte didaktische Anspruch, den Kindern zunächst das »Ganze« zu geben, im Rahmen der »Kosmischen Erziehung« zur praktischen Umsetzung kommt, liefert der folgende Einsatzbericht der Eheleute Helmle/ Wöbke-Helmle:

> *»Damit die Erzählung auch visuell gestützt wird, haben wir vor einigen Jahren mit Aquarellfarben ein viereinhalb Meter langes Band gemalt. Dieses Band ist maßstabsgetreu – jeder Meter entspricht einer Milliarde Jahre der Erdgeschichte. Und während der Erzählung bewegen wir uns mit einem Korb, der die benötigten Gegenstände enthält, an diesem Band entlang […]. Die letzten beiden Abschnitte sind sehr kurz – 19 und 6,5 Zentimeter. Und dennoch sind es die Bereiche, die für unsere Wahrnehmung der Erde die entscheidenden sind. Die lange Zeit davor, die für unsere heutige Existenz auf der Erde genauso wichtig war, ist uns meist kaum bewusst.*
>
> *Das Band soll also auch die Größenordnungen anschaulich machen. Es ist das »größte Ganze«, das wir jüngeren Kindern anbieten […]. Dann vergrößern wir die letzten 25 Zentimeter dieses Bandes zur Urweltkette. Sie ist zwölf Meter lang. Die wichtigen erdgeschichtlichen Entwicklungen, die unsere Landschaft, unseren Lebensraum und die Arten, die ihn bewohnen, geprägt haben, werden daran sichtbar.*

---

27 Der Montessori-Pädagoge Horst Schaub setzt in seinen Ausbildungsgängen zur Erarbeitung dieser Zeiträume ein 46 m langes Band ein (Schaub 2013, S. 161).

Und wenn wir unseren Kindern im Verlauf der Grundschul- oder Unterstufenzeit einmal die Geschichte von der Entwicklung der Menschen erzählen, dann müssen wir die Urweltkette wieder vergrößern: Die letzten vier Kugeln (20 cm) werden dann zu einem etwa vier Meter langen Band, das die Entwicklung von den Vor- und Urmenschen zum modernen Menschen hin zeigt. Und wenn wir Fragen zur menschlichen Kulturgeschichte beantworten wollen, dann vergrößern wir wieder die letzten sechs oder zehn Millimeter dieses Bandes zur Kulturgeschichtskette (6 oder 10000 Jahre). Daran können wir uns die Kulturen der Ägypter, Römer und der Ritter genauer anschauen und sogar unser eigenes Leben wird in diesem Maßstab darstellbar.
Egal, mit welcher dieser ›Größenordnungen‹ wir arbeiten, wir knüpfen immer an die bekannten Darstellungen an und nehmen Bezug auf unser Band zur Entstehung des Lebens. Wir erinnern die Kinder daran und sagen, dass wir uns jetzt im allerletzten Abschnitt des Bandes, im letzten Hundertstel-Millimeter befinden« (Helmle/Wöbcke-Helmle 2008, S. 132 f.).

»Erdkinderplan«

Nachdem Montessoris Beobachtungen zu der Einsicht führten, dass Jugendliche hinsichtlich ihrer Entwicklung und ihres Lernens über andere Bedürfnislagen verfügen als Grundschulkinder, versuchte sie, ihre Erziehungsgrundsätze an das Jugendalter anzupassen.

Ihre diesbezüglichen Überlegungen mündeten in dem sogenannten »**Erdkinderplan**«. Dieser Plan repräsentiert ein spezifisches Bildungskonzept für die Bildungs- und Erziehungsarbeit mit Jugendlichen im Lebensalter von zwölf bis achtzehn Jahren.

Im Kern bildet dieses Konzept eine radikale Abgrenzung vom Lernen in Kinderhaus und Grundschule. Im Sinne einer weitgehenden Entschulung wird das Ziel verfolgt, den Jugendlichen ein selbstbestimmtes und eigenverantwortliches Lernen in Freiheit zu ermöglichen.

Nach Montessori bedarf es hierzu eines neuen Typs Schule, d. h. einer eigenständigen Jugendschule im Sinne einer »Erfahrungsschule des sozialen Lebens«. Hier sollen die Jugendlichen praktischen Tätigkeiten nachgehen und eigene Lebenserfahrungen sammeln. Ferner soll diese Schule ein Feld repräsentieren, in welchem die Jugendlichen das soziale Zusammensein mit Gleichaltrigen und Erwachsenen in realen Lebensvollzügen erfahren und einüben können.

Folglich versteht sich die »Vorbereitete Umgebung« für Jugendliche als Lebens- und Entwicklungsraum, in dem neben der Arbeit mit und in der Natur auch das kulturelle Leben der Menschen selbst einen bedeutsamen Stellenwert einnehmen sollte. Nach Montessori geht es in diesem Zusammenhang vor allem darum, Jugendlichen das Gefühl zu vermitteln, durch eigene Anstrengungen und eigenes Verdienst im kulturellen und wirtschaftlichen Leben bestehen zu können. Allerdings geht dieses Denken weit über das rein Materielle hinaus, denn letztlich geht es auch hierbei vornehmlich darum, dass die Jugendlichen eine Stärkung ihrer eigenen Persönlichkeit erfahren.

Idealerweise befindet sich eine nach dem »Erdkinderplan« arbeitende Jugendschule in ländlicher Region. Inmitten der Ruhe der Natur bauen die Schülerinnen und Schüler neben dem herkömmlichen Klassenunterricht Obst und Getreide an und betreiben zusammen mit ihren Lehrkräften und Eltern ein Gasthaus sowie einen Laden, in dem sie ihre eigenen Produkte verkaufen. Eine weitere Aufgabe liegt darin, sich an der Verwaltung der Gesamteinrichtung zu beteiligen, sowie handwerkliche und technische Arbeiten zu verrichten.

Hieraus kann jedoch keinesfalls geschlossen werden, dass die Jugendlichen im Rahmen des »Erdkinderplans« zu Bauern, Handwerkern, Gasthofwirten oder anderen Dienstleistern ausgebildet werden sollen. Vielmehr geht es darum, eine »Vorbereitete Umgebung« für Jugendliche zu schaffen, die Raum zur natürlichen Entfaltung der eigenen inneren Gesetzmäßigkeiten schafft. Nach Montessori setzt dieses Ziel voraus, den manuellen Tätigkeiten der Jugendlichen ebenso Rechnung zu tragen, wie der geistigen Arbeit.

Dass hierzu zahlreiche und vielfältige arbeitsbezogene Gegenstände erforderlich sind, die Erfahrungen und Lernen mit allen Sinnen ermöglichen, bedarf keiner näheren Erklärung. Ebenso liegt auf der Hand, dass sich diese Lerngegenstände, ebenso wie die »Vorbereitete Umgebung« des Erdkinderplans im Ganzen, maßgeblich von den Sprach-, Mathematik- und kosmischen Materialien unterscheiden.[28]

Friedens-, Werte- und religiöse Erziehung

Wie bereits in Kapitel 2 erwähnt, verstand Montessori nicht nur ihre pädagogische Arbeit als Beitrag zur Friedenssicherung. Vielmehr setzte sie sich auch in der internationalen Frauen- und Friedensbewegung nachhaltig für den sozialen Frieden unter den Menschen ein:

> *»In der Friedensdiskussion des 20. Jahrhunderts hat sich Maria Montessori schon früh und vehement zu Wort gemeldet. Bis heute klingen ihre Forderungen nach einer politischen und einer pädagogischen Einigung im Sinne einer Konfliktlösung für eine bessere Welt, von deren Kommen sie überzeugt war, nach« (Müller 2007, S. 74).*

Erstaunlicherweise kommt in Montessoris Schriften trotz ihres nachweislichen großen sozialen Engagements weder der Begriff »Werteerziehung« vor, noch ist darin ausdrücklich von einem Wertekanon die Rede. Ungeachtet dessen zeigt sich in der tiefergehenden Auseinandersetzung mit den anthropologischen, psychologischen und pädagogischen Grundlagen der Montessori-Pädagogik (vgl. Kap. 3, S. 28 ff.)

28 Vgl. Montessori-Oberschule Potsdam (2015) sowie Abschnitt 4.5, »Institutionelle Verankerung und Reichweite«, S. 116 f.

unmissverständlich, dass die Werteerziehung in der Montessori-Pädagogik implizit verankert ist (vgl. Klein 2013, S. 13 ff.).

Im Gegensatz zu der zwar »verborgenen«, aber dennoch enthaltenen Werte- bzw. Sozialerziehung, weist das Erziehungskonzept Maria Montessoris der religiösen Erziehung einen expliziten Stellenwert zu. Diesbezüglich ging es Montessori im Kern um die Entfaltung und Kultivierung eines religiösen Gefühls beim Kind, welches – im Zusammenspiel mit seiner geistigen Selbstbildung – zu dessen »Normalisation« beiträgt (s. Abschnitt 3.2 »Polarisation der Aufmerksamkeit – Normalisation«, S. 43 f.). In einer Erziehung, die dieses anstrebt, sah Montessori den Schlüssel für die emotionale und soziale Stabilität, die für ein friedliches Zusammenleben aller Menschen, für den Frieden in der Welt unabdingbar sind.

Religion in diesem Sinn ist dem Kind auf herkömmliche Weise nicht vermittelbar. Das heißt, weder die Erzieherin noch die Lehrkraft sind in der Lage, Kindern ein religiöses Gefühl zu geben. Vielmehr besteht die einzige mögliche Stütze darin, dem Kind bei der Entwicklung seiner diesbezüglichen individuellen Potenziale, seiner »Religions-Nebulae«, im Sinne des Postulats »Hilf mir, es selbst zu tun!« behilflich zu sein:

> *»Nicht wir sind es, die es geben können, wir können nur pflegen, wir können [...] helfen, indem wir immer diese Seele achten, die uns nicht gehört, und wir können dabei helfen, dass sie sich in Kontakt setzt mit der Quelle, die die Liebe gibt, und versuchen, kein Hindernis zu sein und behutsam und mit Demut vorzugehen, dort zu dienen, wo wir nicht erschaffen können!« (Montessori 1938/2008, S. 189).*

Diese Demut spiegelt sich im pädagogischen Erziehungskonzept Montessoris durchgängig wider. Entsprechend geht u. a. Steenberg davon aus, dass die Montessori-Pädagogik die folgenden religiösen Dimensionen beinhaltet (Steenberg 2014, S. 29 f.):

- Die *Einübung in den verantwortlichen Umgang mit Freiheit*, was die Wahrnehmung der Würde des Anderen und die Verantwortung für das eigene Entscheiden und Handeln bedingt.
- Die *Erfahrung und Vermittlung von Liebe* als Grundgesetz gesellschaftlichen Lebens, zum Beispiel dadurch, dass die Erzieherin bzw. Lehrkraft in Achtung und dienend vorlebt, dass menschliches Zusammenleben dann gelingt, wenn man sich selbst und die Mitmenschen achtet.
- *Sinnoffenheit durch soziale Sinnerfahrung*: Erlebte soziale Humanität verweist auf die Verbindung mit Gott.
- Das *Ineinander von Aktion und Meditation* in der »Vorbereiteten Umgebung« bedingt, dass sich das Handeln und das Sich-besinnen, das Aktivsein und Innehalten berühren und sich im Sinne »tätiger Meditation« einander ergänzen.

Im Zusammenhang dieser Dimensionen ist bedeutsam, dass die »religiöse Erziehung« nach Montessori bereits im frühen Kindesalter, am besten direkt von Geburt an beginnen sollte:

> *»Die Kleinen sind äußerst ›empfänglich‹, und eine Umgebung, die ihre Sinne anrührt, beeinflusst sie sehr stark. Deshalb muss man verstehen, dass während der ersten Wachstumsperiode die Umgebung und die von ihr erzeugten Eindrücke sozusagen unauslöschlich in den Geist eingeprägt werden« (Montessori 1909/2008, S. 187).*

> *»Wenn wir darüber nachdenken, so werden wir erkennen, dass religiöse Erziehung besonders in dem Alter wichtig ist, in dem die Kinder aus der Umgebung absorbieren [...]. Das religiöse Gefühl wird in dieser Epoche geschaffen und später nur noch entwickelt. So kommen wir zu der ungewöhnlichen Folgerung, dass wir ganz kleine Kinder Religion lehren müssen. Ich meine, wir müssen sie Religion von Geburt an lehren« (Montessori 1946/2008, S. 189).*

Bei näherer Betrachtung stellt die erste religiöse Prägungsphase des Kindes eine Vorbereitung auf die sich hieran anschließende Sozialerziehung dar:

> *»In der Tat empfindet das Kind erst im Alter von 7 Jahren das Bedürfnis, zwischen Gut und Böse zu unterscheiden. Kleine Kinder stellen sich solche Fragen nicht. Sie akzeptieren und glauben alles [...]. Erst später erwacht ihr soziales Gefühl, und sie empfinden die Verantwortung für ihre eigenen Taten [...]. Zu einem kleinen Kind vom Bösen sprechen heißt, ihm etwas beibringen, das es unfähig ist zu verstehen oder zumindest zu assimilieren. Die Lehrerin muß also sehr behutsam vorgehen, um die Seele des Kindes nicht durch Argumente zu beschweren, die für seine Natur nicht geeignet sind« (Montessori 2001, S. 327f.).*

Über die oben ausgeführten universellen religiösen Ansprüche hinaus finden sich in Montessoris Schriften weitere Erfahrungsberichte und Maßgaben, die ausdrücklich die konfessionelle Erziehung zum katholischen Glauben fokussieren. In deren Zentrum steht die Liturgie, welche Montessori als »großartigen Ausdruck des Glaubensinhaltes« bzw. als »pädagogische Methode der katholischen Kirche« bezeichnete (Montessori 1964, S. 16).

Einen kleinen Eindruck, auf welche Weise diese Methode zu Beginn der 1920er Jahre an der Muster-Montessori-Schule in Barcelona erstmals zur praktischen Umsetzung gelangte, vermittelt der folgende Erfahrungsbericht:

> *»Der erste Schritt war die Vorbereitung einer Umgebung: die Kirche der Kinder, wo die den Gläubigen vorbehaltene Stätte sich in ihren Proportionen den Maßen der Kleinen anpasste. Wir statteten sie mit kleinen Sitzen und Betpulten aus, brachten Wasserbecken an, und zwar in Kniehöhe eines Erwachsenen; ebenfalls tief hängende kleine Bilder, die den Jahreszeiten entsprechend oft ausgewechselt wurden, und kleine Statuen oder Figurengruppen, welche die Geburt Christi oder die Flucht aus Ägypten usw. darstellten. An den Fenstern hingen leichte Vorhänge, welche die Kinder selbst zuziehen konnten, um das Licht zu dämpfen. Sie wechselten sich ab beim Herrichten der Kirche: Sie stellten die Sitze*

ordentlich hin, verteilten die Blumenvasen, zogen die Vorhänge zu und zündeten einige Kerzen an« (Montessori 2001, S. 323f.).

Im weiteren Entwicklungsverlauf kamen »*Stille-Übungen*« zur Anwendung, und es wurden Gegenstände und Übungen des täglichen Lebens in den Kirchenraum transferiert, welche die Kinder bereits innerhalb des Gruppenraumes oder Klassenzimmers geübt hatten: zum Beispiel das geräuschlose Gehen und umsichtige Durchschreiten von Bankreihen, ohne andere Kinder oder umherliegende Dinge anzustoßen, das Tragen von bestimmten Gegenständen, wie zum Beispiel gefüllte Blumenvasen, ohne Wasser zu verschütten, oder brennende Kerzen, ohne die Hände oder Kleidung mit flüssigem Wachs zu beschmutzen.

Die Beobachtung dieser Tätigkeiten im Kirchenraum führte Montessori zu der Einsicht, dass die Kinder diese mit einer inneren, Gott zugewandten Haltung vollzogen, die sich maßgeblich von der zweckfreien Ausführung im nicht spirituellen Rahmen unterschied:

»Der Vierjährige empfindet sehr wohl den Unterschied zwischen dem Weihwasserbecken, in das er die Fingerspitzen taucht, um sich dann zu bekreuzigen, und den Schüsseln, die er im Nebenzimmer benutzt, um sich die Hände zu waschen. Nun, diese unmittelbare Erkenntnis von Unterschieden bei ähnlichen Dingen ist eine wahre Arbeit des Verstandes, die das kleine Wesen, das sozusagen als unfähig gilt, zu übersinnlichen Begriffen emporzusteigen, in Angriff nimmt, wenn es anfängt, sich als Gottes Kind zu fühlen, das liebevoll im Haus des großen Himmlischen Vaters zu Gast ist« (Montessori 2001, S. 325).

Insgesamt setzte sich Montessori über zwanzig Jahre ihres Lebens für die religiöse bzw. Glaubenserziehung ein. Die in diesem Kontext entwickelten Übungen, insbesondere diejenigen zum Innehalten und Stillwerden, werden bis heute praktiziert. Dies trifft zum Beispiel auf das im Folgenden näher erläuterte »Gehen auf der Linie« mit oder ohne Mitführung von Gegenständen zu, welches nicht nur in Montessori-Einrichtungen, sondern teilweise – ggf. in abgeänderter Form – auch in anderen Kindergärten und Schulen ausgeführt wird.

Vorstellung und Einsatz ausgewählter Materialien

Für das »**Gehen auf der Linie**« (Abb. 38) wird zunächst mit Farbe oder Klebestreifen eine jederzeit frei zugängliche Linie in Ellipsenform auf dem Boden des Gruppen- oder Klassenraumes ausgebracht.

Zur Verknüpfung des stillen Gehens auf dieser Linie mit anderweitigen Übungen eignen sich grundsätzlich viele der Materialien, die im Rahmen der »Vorbereiteten Umgebung« ohnehin vorhanden sind und folglich ohne besonderen Aufwand herangezogen werden können. Mit dem Ziel, die Konzentration, Bewegungskontrolle und Koordinationsfähigkeit der Kinder zu fördern, werden diese beispielsweise dazu angehalten, die folgenden Gegenstände während des Gehens wie beschrieben mit sich zu führen:

- ein randvoll gefülltes Wasserglas, möglichst ohne auch nur einen Tropfen zu verschütten
- eine Fahne, die hoch gestreckt vor sich her getragen wird
- eine brennende Kerze, die beim Gehen nicht ausgehen darf
- eine Glocke, die auch während des Laufens still bleibt, oder
- eine auf dem Handrücken oder Kopf abgelegte Feder, die nicht herunterfallen soll

Abb. 38: Gehen auf der Linie mit Gegenständen

Die ausdrücklich *katholische Glaubenserziehung* verfolgt primär das Ziel, den Kindern zu einem lebendigen Zugang zu ihrer eigenen Kirche zu verhelfen. Im Hinblick darauf ist nachvollziehbar, dass diese Form religiöser Erziehung vornehmlich an den privaten, katholisch geführten Einrichtungen stattfindet. Die praktische Umsetzung folgt der Idee des sogenannten »**Atriums**«, d.h. in einem im Rahmen der »Vorbereiteten Umgebung« eigens geschaffenen Raum, der für die Glaubenserziehung bestimmt ist.

Hierbei handelt es sich nach Montessori nicht etwa um eine reale Kapelle oder Kirche, wo die kindliche Glaubensunterweisung üblicherweise im stillen Sitzen und anhand großer Reden erfolgt. Vielmehr räumt das Atrium den Kindern die Möglichkeit ein, bestimmte Handlungen aktiv vollziehen, innehalten und basale religiöse Kenntnisse erwerben zu können.

Letzteres erfordert die Bereitstellung von Materialien bzw. Gegenständen, die auch in Gotteshaus und Liturgie ihren Platz haben und mithilfe derer Szenen aus dem Evangelium anschaulich nachgestellt werden können. Hierzu zählen zum Beispiel der Altar, die (Kinder)-Bibel und andere Bücher, Heiligenbilder, heilige Gefäße, Kerzen, die besondere, festliche Kleidung der Geistlichen und weitere Dinge mit symbolträchtigem Charakter, wie Getreide, Brot, Wein oder Fische.

Tiefergehende Kenntnisse zu den unterschiedlichen christlichen Begebenheiten und zu den Ritualen des Kirchenjahrs erschließen sich für die Kinder in der freien Arbeit mit den entsprechenden Begriffs- und Textkarten, oder auch in der aktiven Mithilfe beim Säen und Ernten in der Landarbeit.

Materialbeschaffung und Zusatzmaterialien

Häufig wird davon ausgegangen, dass die Montessori-Lernmaterialien zu teuer und insofern unerschwinglich sind. Diese Annahme ist richtig und falsch zugleich, denn die Verlage und Online-Anbieter weisen mittlerweile eine äußerst vielfältige und differenzierte Preisspanne aus, die von hochpreisig bis kostenlos reicht. Insbesondere die Aufgabenkarten, die zur Bearbeitung vieler Materialien erforderlich sind, werden entweder als kostenfreie oder sehr günstige Downloadmaterialien zur Verfügung gestellt. Zudem besteht bei zahlreichen Materialien die Möglichkeit, diese selbst zu basteln, was ebenfalls dazu beiträgt, den Kostenaufwand im Rahmen zu halten.

Zutreffend ist ferner, dass sich die Freiarbeit selbst an qualifizierten Montessori-Standorten grundsätzlich nicht ausschließlich auf den Einsatz der klassischen Montessori-Materialien beschränkt. Dies ist darauf zurückzuführen, dass die »Vorbereitete Umgebung« keine zu einem bestimmten Zeitpunkt für immer geschaffene perfekte Umgebung repräsentiert, sondern einen lebendigen Lern- und Erfahrungsraum, der sich – im Zusammenhang des gesellschaftlichen Wandels – kontinuierlich an die Entwicklungsbedürfnisse der Kinder anpasst.

In diesem Sinne wird für den Aufbau einer »Vorbereiteten Umgebung« stets empfohlen, mit einer überschaubaren und inhaltlich bewältigbaren Materialausstattung zu beginnen, um Überforderungen zu vermeiden. Ohne Hetze und angepasst an die sich vollziehenden Lernprozesse der Kinder und Lehrkräfte sollte sich die anfängliche Ausstattung allmählich zu einer Umgebung erweitern, in welcher die Kinder die Lerngegenstände vorfinden, die ihrer Entwicklung zuträglich sind.

Diese Ausgangslage erklärt, warum in der Montessori-Arbeit der Kreativität keine Grenzen gesetzt sind, und warum engagierte Erzieherinnen und Lehrkräfte, teilweise mit elterlicher Unterstützung, nicht nur ständig neue Montessori-Materialien anschaffen, sondern vielerorts darüber hinaus auf die oben erwähnte Möglichkeit zurückgreifen und nicht nur einige der Originalmaterialien, sondern auch zusätzliche, bedarfsspezifische (Förder-)Materialien im Eigenbau weiterentwickeln und herstellen.

Allerdings ist in diesem Zusammenhang darauf zu achten, dass auch die Zusatzmaterialien ihren selbstbildenden Charakter nur dann erfolgreich entfalten können, wenn bei deren Herstellung und Einsatz die oben erläuterten didaktischen bzw. materialimmanenten Prinzipien berücksichtigt werden (vgl. Abschnitt 4.2, S. 55 ff.).

4.4 »Neue« Erzieherinnen und Lehrkräfte

Neben den oben ausgeführten räumlichen, materiellen und verhaltensregulierenden Rahmenbedingungen bzw. Maßnahmen nimmt die Erzieherin bzw. Lehrkraft im Zusammenhang der »Vorbereiteten Umgebung« eine zentrale Schlüsselrolle ein. Denn letztlich fällt es in deren Verantwortung und Zuständigkeitsbereich, diese zu gestalten:

> *»Wir [...] lehren also nicht direkt, wie man es sonst zu tun pflegt, sondern vielmehr durch eine Ordnung, die im Material liegt, und die das Kind sich selbst erarbeiten kann [...]. Die Grundlage ist also nicht das Nachdenken darüber, wie man das Kind lehren oder erzieherisch beeinflussen kann, sondern wie man ihm eine Umgebung schaffen kann, die seiner Entwicklung förderlich ist« (Montessori 1934/2008, S. 23).*

Zur Realisierung dieser anspruchsvollen Lernvoraussetzungen bedarf es eines neuen pädagogischen Selbstverständnisses, welches sich eindeutig vom tradierten Erzieherinnen- bzw. Lehrerbild abgrenzt, und stattdessen die Erzieherin oder Lehrkraft als Teil der »Vorbereiteten Umgebung« begreift:

> *»Eine normale Lehrerin kann nicht in eine Montessori-Lehrerin umgewandelt, sondern sie muss neu geschaffen werden, nachdem sie sich von pädagogischen Vorurteilen befreit hat. Der erste Schritt dazu ist die Selbstvorbereitung der Vorstellungskraft, denn die Montessori-Lehrerin muss sich ein Kind vor Augen führen, das noch gar nicht da ist (grob gesprochen); sie muss Vertrauen haben in das Kind, das sich durch seine Tätigkeit offenbaren wird« (Montessori 1946/2008, S. 104 f.).*

Welche große Bedeutung Montessori diesem Aspekt beimaß, zeigt sich daran, dass sie bei der Personalauswahl für ihre Kinderhäuser Frauen ohne Vorkenntnisse gegenüber denjenigen Bewerberinnen vorzog, die in der tradierten, von Machtansprüchen gegenüber dem Kind ausgehenden Erzieherinnen- bzw. Lehrerausbildung bereits »Schaden genommen hatten«.

Diese Erzieherin oder Lehrkraft »neuen« Formats verkörpert nach Montessori Beobachterin und Wissenschaftlerin bzw. Beobachter und Wissenschaftler zugleich. Folglich sollten Vertreter dieser Berufsgruppe über umfassende entwicklungspsychologische Kenntnisse verfügen. Dieses Fachwissen wird benötigt, um die »Sensiblen Perioden« (vgl. S. 35) der Kinder beobachten und hieraus Lernumgebungen ableiten und gestalten zu können, die den jeweiligen Entwicklungsfortschritten entsprechen. Neben diesen fachlichen Gesichtspunkten gehen mit dem »neuen« pädagogischen Selbstverständnis aber insbesondere auch hohe Ansprüche an die Persönlichkeit der Erzieherin bzw. Lehrkraft einher, wie aus der Tabelle 7 ersichtlich wird:

Die »alte« Erzieherin/Lehrkraft	Die »neue« Erzieherin/Lehrkraft
Bildung vermitteln	Bei der Entwicklung behilflich sein
Aktivität liegt bei der Erzieherin/Lehrkraft	Aktivität liegt beim Kind
Schnelles Eingreifen	Geduld
Disziplin	Gelassenheit
Unterrichten	Beobachten und Beschenken
Reden/ Wortschwall	Schweigen/ wenige Worte
Abhängigkeit des Kindes von Erzieherin/Lehrperson	Unabhängigkeit des Kindes
Arroganz	Würde
Hochmut intellektuellen Reichtums, der sich der vermeintlich geistigen Armut des Kindes aufzwingt	Kindliche Konzentration
Stolze Würde der Unfehlbarkeit	Demut
Dunkelheit/Pessimismus	Licht/Zuversicht
Ermüden	Beleben
Ablenkung von der Sache	Sachlichkeit
Lärm (laut)	Stille (leise)

Tab. 7: Neue Erzieherin/Lehrkraft (modifiziert nach Hebenstreit 1999, S. 105)

Auch an dieser Gegenüberstellung lässt sich der konzeptuelle Anspruch der Montessori-Pädagogik erkennen: Anthropologische Grundannahmen, entwicklungspsychologische Kenntnisse und praktisches Erziehungshandeln liegen dicht beieinander.

Denn wenn davon ausgegangen wird, dass das Kind in seiner psycho-physischen Entwicklung seinen eigenen Gesetzen folgt, dann greift der Grundsatz, das Kind selbst zum Mittelpunkt der Erziehung zu machen.

Diesem Grundsatz folgend nimmt die Erzieherin bzw. Lehrkraft keinesfalls eine untätige, sondern eine »dienende« Rolle ein, die mit einer anspruchsvollen Zielsetzung verknüpft ist:

> *»Ein oberflächliches Urteil über die Montessori-Methode lautet allzu oft, dass sie geringe Anforderungen an die Lehrerin stellt, die sich jeder Störung enthalten und die Kinder ihren eigenen Beschäftigungen überlassen muss [...]. Es ist nicht so, als wäre die Montessori-Lehrerin untätig, wo die herkömmliche tätig ist; vielmehr geschehen alle Tätigkeiten, die wir beschrieben haben, infolge aktiver Vorbereitung und Anleitung durch die Lehrerin, und ihre spätere ›Untätigkeit‹ ist ein Zeichen des Erfolgs [...]. Geeignet sind Lehrerinnen, die ihre Klasse auf eine Entwicklungsstufe gebracht haben, wo sie sagen können: Ob ich anwesend bin oder nicht, die Klasse macht weiter. Die Gruppe hat Unabhängigkeit erlangt« (Montessori 1946/2008, S. 104).*

Dieses erzieherische Selbstverständnis geht mit den folgenden Aufgabenbereichen einher (vgl. Holtstiege, 2003, S. 54):

- *Selbstvorbereitung:* Für die pädagogische Arbeit im Montessori-Kontext ist zum einen unverzichtbar, anstelle der Defizite die Möglichkeiten der Kinder in den Blick zu nehmen. Zum anderen ist erforderlich, sich mit den Materialien vertraut zu machen. Dies erfordert ein hohes Maß an (Selbst-)Reflexion sowie eine engagierte Vor- und Nachbereitung.
- *Vorbereitung der Umgebung:* Diese Aufgabe betrifft die Einrichtung, Ordnung und kontinuierliche Weiterentwicklung und Pflege der kindlichen Lernumgebung. Das heißt, die Lehrkraft hat dafür Sorge zu tragen, dass die oben ausgeführten räumlichen, materiellen und verhaltensregulierenden Gestaltungsanforderungen erfüllt werden (vgl. Abschnitt 4.1, »Vorbereitete Umgebung«, S. 49 ff.).
- *Gewährung von Entwicklungsfreiheit:* Diesbezüglich hat die Lehrkraft dafür Sorge zu tragen, dass die Kinder im Rahmen ihrer Lernumgebung zu verbindlich festgelegten Zeiträumen selbstbestimmt arbeiten können. Innerhalb dieser Zeiten entscheiden die Kinder interessengeleitet selbst, mit welchen Inhalten sie sich beschäftigen, ob sie allein oder mit anderen Kindern gemeinsam arbeiten, und wie lange bzw. wie oft sie sich mit ihrem Lerngegenstand auseinandersetzen wollen. Allerdings hat diese Freiheit auch ihre Grenzen, und das Ausleben derselben ist sowohl für Kinder als auch für die Lehrkräfte mit großen Anforderungen verbunden (vgl. Abschnitt 4.1, »Freiheit und Bindung, Freiarbeit«, S. 51 ff.).
- *Konzentrierte Beobachtung und Begleitung, Lektionen:* Hier geht es darum, situativ erkennen zu können, ob sich ein Kind – gemäß dem Phänomen der »Polarisation der Aufmerksamkeit« – konzentriert seiner Arbeit zuwendet, oder ob es sich in geistiger Unordnung verliert. Wenn letzteres zutrifft, hat die Leiterin einzugreifen, sich dem

Kind zuzuwenden und dieses – ggf. im Rahmen einer Lektion – in ein bestimmtes Material einzuführen (vgl. Abschnitt 4.3, »Drei-Stufen-Lektion«, S. 60 f.).

- *Warten und Beobachten:* Wie bereits erwähnt, sollte die »neue« Erzieherin bzw. Lehrkraft sowohl Wissenschaftlerin als auch Beobachterin bzw. Wissenschaftler als auch Beobachter sein. Folglich fällt der Erzieherin bzw. Lehrkraft zum einen die Aufgabe zu, sich in Geduld und Zurückhaltung zu üben und das arbeitende Kind in seinem eigenen Rhythmus tätig sein zu lassen. Zum anderen liegt die anspruchsvolle und zugleich schwierige Herausforderung darin, das Kind hierbei genauestens zu beobachten, um wahrnehmen zu können, in welcher »Sensiblen Periode« es sich befindet. Dieser – für Maria Montessori zentrale – Bobachtungsanspruch lässt sich nicht verordnen. Vielmehr setzt dieser die Offenheit voraus, sich vom kindlichen Entwicklungsprozess inspirieren zu lassen. Erzieherinnen und Lehrkräfte, welche diese pädagogische Haltung anstreben, lassen sich auf eine lange Ausbildungs- bzw. Übungsphase ein – und damit zumeist auch auf eine enge Erziehungsbeziehung im Sinne der »neuen« Erzieherinnen- bzw. Lehrerrolle.

4.5 Institutionelle Verankerung und didaktische Reichweite

Im vorangegangenen Teilkapitel ging es vor allem um die praktische Umsetzung des Montessori-Konzepts im vorschulischen und schulischen Bereich. Diese Schwerpunktsetzung entspricht der realistischen Ausgangslage, denn in Kinderhaus, Grundschule und Sekundarstufe ist die Montessori-Pädagogik am häufigsten vertreten. Darüber hinaus kommt das von Maria Montessori entworfene pädagogische Konzept – in vom schulischen Lernen abweichender Form und Ausprägung – aber auch in weiteren Institutionen oder Kontexten zum Tragen. Erst die Einbeziehung auch dieses Situationszusammenhangs vermittelt ein vollständiges Bild der didaktischen Reichweite, innerhalb derer die Montessori-Arbeit in Deutschland praktiziert wird.[29]

Montessori-Pädagogik zu Hause, in Krabbelgruppe, Kinderkrippe und Kinderhaus

Der Montessori-Pädagogik liegt ein Entwicklungs- und Erziehungskonzept zugrunde, welches zum einen – wie oben ausgeführt – die ganze Lebensspanne umfasst (vgl. Tab. 1 bis 3, S. 46 f.), zum anderen aber auch den ersten drei Lebensjahren eine herausragende Bedeutung beimisst[30]. Entsprechend war Maria Montessori selbst ausdrücklich

29 Weitergehende Informationen zu den im Folgenden nur kurz skizzierten Kontexten können der hierzu veröffentlichten Literatur entnommen werden (s. »Literaturempfehlungen und nützliche Adressen«, S. 134 f.).

30 Vgl. Kap. 3, insbesondere die Abschnitte »Innerer Bauplan«, S. 32 und »Absorbierender Geist«, S. 38.

daran gelegen, ihre Erkenntnisse nicht nur an Erzieherinnen und Lehrkräfte, sondern ebenso an Eltern weiterzugeben. Vor diesem Hintergrund erstaunt es nicht, dass die Montessori-Bewegung mittlerweile u.a. zunehmend auch Angebote für Eltern von Kindern unter drei Jahren bereithält.

Hierzu zählen insbesondere die zumeist von qualifizierten und engagierten Müttern in Eigenregie eingerichteten Krabbelstuben und die Neugründung oder Einrichtung von ergänzenden Krippenplätzen bzw. sogenannter »U-3-Gruppen« an bereits bestehenden Kinderhäusern oder Kindertagesstätten. Parallel dazu liegen zahlreiche Veröffentlichungen vor, wie Eltern die Entwicklung ihrer Kinder nach den Prinzipien der Montessori-Pädagogik auch zu Hause fördern können.

Dies war nicht immer so, denn bis vor nicht allzu langer Zeit herrschte noch das grundlegende Vorurteil vor, Kinder würden durch eine zu frühe Fremdbetreuung zu Schaden kommen. Heute wissen wir, dass diese Einschätzung nicht zwingend ist, sondern einer differenzierten Betrachtung bedarf. Denn ob ein Säugling bzw. Kleinkind im Elternhaus oder in einer öffentlichen Einrichtung bessere, d.h. entwicklungs- und bildungswirksamere Betreuungs- und Förderbedingungen vorfindet, entscheidet stets der Einzelfall.

Unabhängig davon bietet die Fremdbetreuung in Krabbelstube, Kinderkrippe oder Kinderhaus jedem Kind aber auch Möglichkeiten und Chancen, die selbst die engagiertesten Eltern ihren Kindern zu Hause im Allgemeinen nicht bieten können. So ist zum Beispiel kaum vorstellbar, dass der kindliche Drang nach Bewegungserfahrungen im häuslichen Umfeld auf eine vergleichbare Weise gestillt wird, wie an den Turn- und Bewegungsgeräten, die in einer Kinderkrippe bzw. einem Kinderhaus vorhanden sind.

Auch hinsichtlich der Entwicklung ihrer emotionalen und sozialen Fähigkeiten erfahren Kinder im gemeinsamen Spiel und in der Auseinandersetzung mit anderen, u.a. aus fremden Kulturkreisen kommenden Kindern, vielfältige und nachhaltige Impulse, die keine Elternstube ersetzen kann.

Ein weiterer wesentlicher Vorteil der Fremdbetreuung besteht darin, dass die elterliche Fürsorge heute nicht selten mit einer übertriebenen Sorge oder gar Angst einher geht: Das von Eltern wohlgemeinte »Beste« für das eigene Kind besteht sicher nicht darin, es rund um die Uhr vor Gefahren zu schützen und sein Aufwachsen möglichst lückenlos zu kontrollieren. Diese Perspektive verdeutlicht die Wichtigkeit, Kindern die emotionale Disposition und das Erziehungshandeln der professionellen Betreuungs- und Bezugspersonen im öffentlichen Raum nicht vorzuenthalten. Die Tatsache, dass sich pädagogische Profis besser von den Kindern abgrenzen und folglich auch mehr Geduld aufbringen können, stellt für Kinder ein wichtiges Korrektiv und eine bedeutsame Ergänzung zur elterlichen Fürsorge dar (vgl. Schäfer 2006, S. 57 ff.).

Neben den oben skizzierten, für alle Kinderkrippen und Kinderhäuser zutreffenden Aspekten, zeichnet sich die Montessori-Kinderkrippe darüber hinaus dadurch aus, dass sie über eine »Vorbereitete Umgebung« verfügt, die den spezifischen Entwicklungsbedürfnissen der Kleinsten entspricht. Wichtig sind eine überschaubare Ordnung und eine angemessene Auswahl an Entwicklungsmaterialien, insbesondere aus dem großen Sortiment der »Sinnesmaterialien« (s. den Überblick zu den Materialien im Anhang, S. 136). Darüber hinaus liegen weitere anregende Utensilien und Materialien vor, die sich in Form, Farbe und Material unterscheiden, wie zum Beispiel unterschiedlich große Schüsseln, Förmchen oder Dosen aus Plastik und Metall, einige bunte, nur teilweise mit Luft gefüllte Luftballons (einen prall aufgeblasenen Ballon kann ein Kleinstkind noch nicht fassen), unterschiedliche Gummischlauchstücke, Holzbauklötze oder Schraubgefäße mit unterschiedlich klingendem Inhalt.

Es versteht sich von selbst, dass alle in der »Vorbereiteten Montessori-Umgebung« zugänglichen Gegenstände hinsichtlich Größe und Gewicht grundsätzlich an die kleinen Hände der Krabbel-, Krippen- und Kinderhauskinder angepasst, aus schadstofffreien Rohstoffen hergestellt und mit ebensolchen Farben endbehandelt sind. Das in diesen Einrichtungen arbeitende pädagogische Fachpersonal hat in der Regel nicht nur eine reguläre Erzieherinnenausbildung absolviert und das Montessori-Diplom erworben, sondern überdies eine spezifische Zusatzqualifikation für die Arbeit mit unter Dreijährigen bzw. Drei- bis Sechsjährigen Kindern durchlaufen (s. Abschnitt 4.5, »Montessori-Aus- und Fortbildung«, S. 118 f.).

Montessori-Pädagogik in der Grundschule und in weiterführenden Schulen

Laut Angabe des »Montessori-Dachverbands« existieren in Deutschland insgesamt mittlerweile rund sechshundert Kindertagesstätten und dreihundert Primarschulen, die nach den Maßgaben der Montessori-Pädagogik ihren Alltag gestalten. Damit ist das Montessori-Konzept im Kinderhaus und in der Grundschule am weitesten vertreten. Doch vieles von dem, was bereits in den vorangegangenen Kapiteln zum Lernen in Kinderhaus und Grundschule erläutert wurde, gilt auch für die praktische Arbeit in den mittlerweile insgesamt über einhundert Sekundarschulen. In dieser Gruppe ist das Gymnasium am häufigsten vertreten, gefolgt von den Gesamtschulen (25 Prozent), den Hauptschulen (20 Prozent) und den Realschulen (15 Prozent).

Insbesondere der Grundsatz, dass der junge Mensch sich aus freiem Willen selbsttätig bilden soll, ist auch im Lernkontext der weiterführenden Schulen, die nach Montessori arbeiten, wirksam. Entsprechend wird die in der Grundschule praktizierte materialgestützte Freiarbeit üblicherweise in den ersten Jahren der weiterführenden Schulen (Klassen 5 und 6) nahezu unverändert fortgesetzt. Allerdings kommen diesbezüglich aufgrund der veränderten entwicklungsbedingten Ausgangslage von Schülerinnen und Schülern im Sekundarstufenalter auch grundlegende Unterschiede zum Tragen. Diesen begegnet die weiterführende Schule zum einen damit, dass die Jugendlichen spätestens ab der neunten Klasse vornehmlich in Projekten und anderen Formen des handlungsorientierten und kooperativen Lernens arbeiten. In den höheren Klassen der weiterführenden Schulen nehmen darüber hinaus das studienorientierte, selbstständige Lernen in Form von Präsentationen und Diskussionen einen zentralen Stellenwert ein (Ludwig 2008, S. 53 und S. 83).

Allerdings ist dieses Abrücken von der materialgestützten Freiarbeit in »Vorbereiteter Umgebung« vermutlich nicht ausschließlich pädagogisch motiviert, sondern auch dem Umstand geschuldet, dass das Materialsortiment für das Lernen im Sekundarstufenbereich bei weitem nicht so viele Möglichkeiten bietet, wie für die Arbeit in Kinderhaus und Grundschule.

Ihre für die Sekundarstufenbildung (12. bis 18. Lebensjahr) eigentlich vorgesehenen Konzeptideen bündelte Montessori in dem sogenannten »Erdkinderplan« (vgl. S. 103). Im Gegensatz zu ihrer konzeptionellen Arbeit für den Kinderhaus- und Grundschulbereich blieb es Montessori jedoch verwehrt, die Wirksamkeit dieses umfassenden Entwurfs für eine »*Erfahrungsschule des sozialen Lebens*« auch praktisch zu erproben. Aufgrund der diesbezüglich großen Umsetzungsansprüche gibt es nur wenige Einrichtungen, die nach dem »Erdkinderplan« arbeiten.

Ein Standort, an dem dieses pädagogische Konzept umgesetzt wird, ist die »Montessori-Oberschule Potsdam« mit ihrem vor zwölf Jahren ins Leben gerufenen Projekt »Jugendschule Schlänitzsee« (Montessori-Oberschule Potsdam 2015).

Im Wechsel zwischen regulärem Unterricht in der Schule (indoor) arbeiten die Schülerinnen und Schüler dort unter Aufsicht und Anleitung von Lehrkräften und externen Experten in der Regel sieben bis acht Wochen in selbst gewählten Projekten auf einem großen Gelände in idyllischer Seelage (outdoor). In diesem Rahmen erproben die Jugendlichen neue Arbeitsformen und üben und entwickeln Verantwortung bei der Landarbeit, in der Tierpflege, sowie im Rahmen der Selbstverpflegung und Betreuung von Gästen (Kegler 2014, S. 173).

Abschließend bleibt anzumerken, dass an (privaten) Montessori-Schulen über alle Schularten hinweg nach den gleichen Bildungsplänen unterrichtet wird, die auch für die allgemeinen Regelschulen gelten. Insofern unterscheidet sich das Lernen nach Montessori nicht bezüglich der Inhalte, sondern allein in der Methode. Im Hinblick auf die in der Praxis zum Teil erheblich abweichende Umsetzung derselben ist hier insbesondere der kritische Blick der Eltern gefragt, die mit dem Gedanken spielen, ihr Kind in einer privaten Montessori-Schule einzuschulen.

Montessori-Pädagogik und Inklusion im Kontext von Schule, Heilpädagogik und Seniorenbetreuung

Führt man sich zum einen die in dieser Einführung ausgeführten anthropologischen und entwicklungspsychologischen Sichtweisen und zum anderen die daraus abgeleiteten pädagogischen Prämissen und Prinzipien der Montessori-Pädagogik vor Augen, mutet ein eigenes Teilkapitel zur *Inklusion* bei näherer Betrachtung geradezu überflüssig an. Denn aus dem Gesamtzusammenhang dieser zwei Pole erschließt sich ein pädagogisches Konzept, das per se für individuelle und kollektive Ganzheit und Verbundenheit steht, und das sich folglich für die Integration von Kindern mit besonderen Bedürfnissen sehr gut eignet.

Insofern erstaunt nicht, dass die Montessori-Pädagogik weltweit unter integrativem Aspekt vor allem im Kinderhaus und im Grundschulbereich (Steenberg 2012, S. 88) sowie auch in der Heilpädagogik bzw. Montessori-Gruppen- und -Einzeltherapie zum Einsatz kommt. Auch dass die pädagogische Arbeit nach Montessori im Rahmen der aktuellen schulischen Inklusionsbemühungen zunehmend Beachtung findet, vermag mit Blick auf die folgenden grundlegenden Voraussetzungen kaum zu verwundern:

- Entsprechend der grundsätzlich human- und sozialpsychologischen Ausrichtung des Montessori-Konzepts orientiert sich das Denken und Handeln von Montessori-Pädagoginnen und -Pädagogen in wohlwollendem Sinne an den Voraussetzungen und Bedürfnissen der ihnen anvertrauten Menschen (vgl. Kap. 4, S. 49 ff.). Gemäß dem pädagogischen Selbstverständnis dieser Erzieherinnen und Lehrkräfte stehen nicht sie selbst im Zentrum der Betrachtungen und Bemühungen, sondern die Kinder, Jugendlichen oder Erwachsenen, die im Rahmen ihrer Selbstbildungsprozesse auf Unterstützung angewiesen sind.
- Die materialgestützte freie Arbeit setzt grundsätzlich an den individuellen Potenzialen eines jeden Kindes bzw. Menschen an und strebt danach, diese bestmöglich zur Entfaltung zu bringen. Dies gilt für Kinder, Jugendliche und Erwachsene ohne und mit körperlicher, seelischer oder geistiger Beeinträchtigung gleichermaßen.
- Der mit der »Vorbreiteten Umgebung« einhergehende Freiraum ermöglicht eine vielfältige und flexibel handhabbare raum- und ausstattungsbezogene Gestaltung, die allen beteiligten bzw. bedürftigen Kindern und Jugendlichen mit und ohne spezifischem Förderbedarf zugutekommt.
- Die »Übungen des täglichen Lebens« und insbesondere die Arbeit mit den aufeinander aufbauenden Entwicklungsmaterialien zur Sinnes- und Wahrnehmungsschulung tragen in vielerlei Hinsicht dazu bei, Entwicklungsstörungen oder Ausfall- und Abbauerscheinungen zu kompensieren bzw. zu reaktivieren.
- Das Ausbleiben von Konkurrenz und Strafen trägt zu einem wertschätzenden, zwischenmenschlichen Umgang in der Klasse oder Gruppe bei. Dies bringt mit sich, dass auch beeinträchtigte Kinder, Jugendliche und Erwachsene aller Altersstufen auf der Grundlage intrinsischer Motivation ungestört arbeiten und dabei Anerkennung erfahren können.
- Im Rahmen des inklusiv organisierten schulischen Alltags vollziehen sich soziale Interaktionen zwischen gesunden und beeinträchtigten Kindern bzw. Jugendlichen, aus denen nicht nur die spezifisch bedürftigen, sondern insbesondere auch die altersgemäß entwickelten und sogar besonders begabte Kinder einen Lernzuwachs erfahren.

Letztlich gereichen diese förderlichen Voraussetzungen auch dementen oder aus anderen Gründen förderbedürftigen Menschen fortgeschrittenen bzw. hohen Alters zum Vorteil. Denn auch im Kontext dieser Zielgruppe werden bereits seit längerem gute Erfahrungen und Erfolge in der Arbeit nach dem Montessori-Konzept erzielt. Unter dem Leitziel »Hilf mir, es so lange wie möglich selbst zu tun« kommen hier Montessori-Materialien zum Einsatz, die den Erfordernissen dieser Altersklasse entsprechen. Diesbezüglich zeigt zum Beispiel Hella Klein in beeindruckender Art und Weise auf, wie die herkömmlichen, für Kinder entwickelten Materialien so aufbereitet bzw. abgewandelt und dargeboten werden können, dass auch demente und/oder motorisch eingeschränkte alte Menschen gut damit arbeiten und dabei Selbstwirksamkeit erfahren und Erfolgserlebnisse erzielen können (Klein 2011).

Montessori-Aus- und Fortbildung

Bereits in den Anfängen ihrer pädagogischen Karriere entwickelte Maria Montessori eine Lehrgangsstruktur, die sich in den Folgejahrzehnten weltweit etablieren und ausbauen konnte. Heute laufen sämtliche »Fäden« dieser Vorarbeiten in dem in den Niederlanden (Amsterdam) ansässigen obersten Gremium, der »Association Montessori Internationale« (AMI) zusammen. Die Ausbildungszeiten zum Erwerb international anerkannter Qualifizierungsmaßnahmen betragen mehrere Jahre, insbesondere im Bereich der »Kosmischen Erziehung«.

Daneben ist die Montessori-Bewegung bzw. -Ausbildungspraxis aber auch auf Länderebene organisiert. So gibt es beispielsweise in Deutschland den seinerseits international vernetzten »Montessori-Dachverband«, der neben den Montessori-Landesverbänden insgesamt vier Ausbildungsorganisationen einschließlich der hierunter arbeitenden Kooperationspartner bzw. Kursanbieter vereint. Diese Organisationsstruktur gewährleistet, dass auf regionaler und lokaler Ebene national anerkannte Montessori-Kurse stattfinden können.

Dieses Angebot wird derzeit bundesweit jährlich von insgesamt etwa achthundert pädagogischen Fachkräften, vornehmlich von Erzieherinnen und Lehrkräften, genutzt. Der diesbezüglichen Diplomübergabe geht eine ca. zweijährige Zusatzqualifikation voraus, die mit einer umfassenden Abschlussprüfung endet. Die von den Teilnehmenden zumeist selbst zu tragenden Kurskosten bewegen sich bei rund zweitausend Euro.

Das übergeordnete Ziel dieses Basis-Lehrgangs konzentriert sich darauf, das Vorstellungsvermögen der teilnehmenden Pädagoginnen und Pädagogen hinsichtlich des universellen Anspruchs des Montessori-Konzepts für die praktische Erziehungs- und Bildungsarbeit mit Kindern zu weiten. Dieser Anspruch setzt eine kritische Auseinandersetzung mit den theoretischen Grundlagen ebenso voraus, wie eine Einführung in die Systematik und Handhabung der zu den unterschiedlichen Bereichen vorliegenden (Entwicklungs)-Materialien (vgl. Kap. 4, S. 49ff.).

Die Rückmeldungen der nahezu ausnahmslos engagierten Kursteilnehmerinnen lassen seit einigen Jahren die Notwendigkeit erkennen, dass zur Zielerreichung dieses hohen Anspruchs die in den Montessori-Kursen gängige Ausbildungspraxis einer kontinuierlichen und kritischen Prüfung unterzogen werden sollte. Dass in diesem Zusammenhang erwachsenenpädagogische Aspekte, wie zum Beispiel eine stärkere

Teilnehmerorientierung bedeutsam sind, konnte im Rahmen einer vergleichenden Evaluationsstudie nachgewiesen werden (Lindauer/Schumacher 2016).

Diesen Befunden entspricht, dass sich die Gestaltung der klassischen Montessori-Basisausbildung (Montessori-Kurs) gegenwärtig in einer Umbruchsituation befindet. Allerdings gestaltet sich die Situation im Aus- und Fortbildungsbereich derzeit nicht nur im Bereich der Basiskurse, sondern auch hinsichtlich der wachsenden Anzahl an Fortbildungsanbietern und -angeboten außerordentlich dynamisch. Denn auch die darüber hinausgehenden spezifischen Lehrgangsangebote und Qualifizierungsmaßnahmen sind vor die Herausforderung gestellt, dem Fortbildungsbedarf in den oben skizzierten Praxis-Kontexten Rechnung zu tragen.

Diesbezüglich sind zunächst die sogenannten Zertifikatskurse zu nennen, in denen sich interessierte Kolleginnen und Kollegen unter unterschiedlicher Schwerpunktsetzung spezifische Kenntnisse für die Arbeit in der Montessori-Kinderkrippe (Bereich U3) bzw. Sekundarstufe aneignen können. Diese Kurse bauen auf dem oben erläuterten Basis-Lehrgang auf, d. h. Erzieherinnen und Lehrkräfte, die daran teilnehmen wollen, müssen zuvor das grundständige Montessori-Diplom erworben haben.

Die eng mit dem Namen des Mediziners und Montessori-Pädagogen Theodor Hellbrügge (1919–2014) verknüpfte Ausbildung zur Montessori-Therapeutin bzw. zum Montessori-Therapeuten ist ebenfalls von zweijähriger Dauer, jedoch mit weitaus höheren Kosten verbunden, als der oben ausgeführte Basiskurs. Das Ausbildungs-Spektrum, zum Beispiel des Montessori-Berufsverbands e.V. (Bayern), umfasst darüber hinaus eine Vielzahl von weiteren Qualifizierungsmaßnahmen mit sonder- bzw. heilpädagogischem Schwerpunkt. Auch die Teilnahme an diesen Veranstaltungen ist an die Bedingung geknüpft, einen erfolgreichen Abschluss des Basis-Diplomkurses nachzuweisen.[31]

Die Rückmeldungen der Teilnehmerinnen und (seltenen) Teilnehmer in den Diplomkursen auf die Frage, warum sie sich für diese aufwändige Weiterbildung entschieden haben, lässt zumeist ein ausgeprägtes pädagogisches Selbstverständnis und Verantwortungsgefühl, gepaart mit einem (selbst-)kritischen Reflexionsvermögen und einer hohen Motivation erkennen.

Diese Kolleginnen und Kollegen haben erkannt, dass ihre bisherige Praxis den aktuellen Anforderungen an eine zeitgemäße Pädagogik nicht mehr gerecht werden kann. Belohnt wird diese selbstkritische Reflexion durch die zumeist bereichernden Kursinhalte und damit, dass der Austausch unter Gleichgesinnten nicht nur die professionelle, sondern auch die eigene persönliche Entwicklung voranbringt. Derartige Prozesse erfordern Zeit und machen verständlich, warum die im Vorfeld häufig kritisierte lange Kursdauer von bis zu zwei Jahren wie im Flug vergeht.

---

31 Weitergehende Informationen zu den unterschiedlichen Ausbildungsangeboten finden sich auf den Homepages des Montessori-Dachverbandes Deutschland und des Montessori-Berufsverbands (s. »Literaturempfehlungen und nützliche Adressen«, S. 134 f.).

5. Aktualität

5.1 Montessori-Pädagogik im Spiegel der aktuellen Entwicklungs- und Lernpsychologie

Dass Maria Montessori mit ihren entwicklungspsychologischen Erkenntnissen und pädagogischen Forderungen ihrer Zeit weit voraus war, bringen bereits die im Kapitel »Montessori-Pädagogik verstehen« ausgewiesenen Zitate und formulierten Folgerungen zum Ausdruck.[32]

Diese Feststellung konkretisiert sich in den von namhaften Experten zahlreich publizierten Veröffentlichungen zum schulischen Lernen (u.a. Bauer 2007, Largo 1999, Largo/Beglinger 2009, Spitzer 2002) auf eindrückliche Weise. Die diesbezüglichen, im Kern konsensfähigen zentralen Erkenntnisse fasst Remo H. Largo (2009) wie folgt zusammen:

- Bei der Ausbildung von menschlichen Fähigkeiten und Verhaltensformen erfüllen Anlage und Umwelt zwei unterschiedliche Funktionen: Die Anlage bestimmt das Entwicklungspotenzial eines Kindes, von den Umwelteinflüssen hängt ab, in welchem Ausmaß sich dieses Potenzial entfalten kann.
- Jedes Kind verfügt anlagegemäß über unterschiedliche organische und funktionelle Strukturen. Da sich die diesbezüglichen Reifungsprozesse in unterschiedlicher Geschwindigkeit vollziehen, offenbaren sich auch die Fähigkeiten und Verhaltensformen bei Kindern zu unterschiedlichen Zeitpunkten und in verschiedener Ausprägung.
- Die Umwelt trägt auf zweifache Weise zur Entwicklung des Kindes bei: Einerseits werden seine körperlichen und psychischen Bedürfnisse gestillt. Andererseits stellt die Umwelt dem Kind den Erfahrungsraum zur Verfügung, den es benötigt, um die für sein Leben in dieser Umwelt erforderlichen Fähigkeiten und Wissensbestände zu erwerben.
- Wird einem Kind der notwendige Erfahrungsraum vorenthalten, kann sich sein anlagegemäßes Potenzial nicht ausbilden.
- Kinder sind von Grund auf aktive und selektive Wesen. Das heißt, jedes Kind orientiert sich an den Erfahrungsfeldern, die es benötigt, um seine individuellen Neigungen und Interessen zu befriedigen und seine Verhaltenseigenschaften weiter auszubauen: »Das Kind entwickelt sich aus sich selbst heraus, wenn sein körperli-

---

32 S. die am Ende der jeweiligen Abschnitte kenntlich gemachten Schlussfolgerungen.

ches und psychisches Wohlbefinden gewährleistet ist und es die notwendigen entwicklungsspezifischen Erfahrungen machen kann« (Largo 2009, S. 37).

- Welche und wie viele Angebote aus der Umgebung genutzt werden, entscheidet der jeweilige Entwicklungsstand des Kindes. Erfahrungsangebote, die über die kindlichen Bedürfnisse hinausgehen, bleiben ungenutzt oder können sich sogar entwicklungshemmend auswirken.
- Die Aneignung von Verhalten vollzieht sich durch Nachahmung. Folglich benötigt das Kind entsprechende Vorbilder.
- Seine gegenständliche Umwelt nimmt das Kind in der selbständigen Auseinandersetzung mittels Aktivierung seiner Sinne und Motorik wahr.
- Lernangebote und Unterweisungen, die an die entwicklungsspezifische Ausgangslage des Kindes angepasst werden, fördern das kindliche Lernverhalten.
- Die Neugierde des Kindes spiegelt die Spannung wider, die zwischen aktuellen Entwicklungsstand und Bedürfnis nach neuen Erfahrungen wahrnehmbar ist.
- Nachhaltiges Lernen vollzieht sich nur dann, wenn die kindlichen Erfahrungen mit bereits vorhandenen Wissensbeständen und Fähigkeiten vernetzt werden können.
- Kindliches Lernen erfolgt weitgehend unbewusst durch aktives Handeln und Erleben. Rationale Überlegungen spielen in diesem Zusammenhang keine Rolle.
- Im Idealfall sind dem Kind entwicklungsangemessene Lern- und Erfahrungsangebote verfügbar, die zur selbstständigen Auseinandersetzung anregen.
- Um die Motivation und das Selbstwertgefühl des Kindes zu erhalten, sollte darauf geachtet werden, dass das Kind beim Lernen weder über-, noch unterfordert wird: »Das Kind wird nicht umso klüger, je intensiver man mit ihm übt. Ein Kind lässt sich nicht ›machen‹. Es lässt sich nicht wie ein Gefäß beliebig mit Inhalt füllen« (Largo 2009, S. 38).
- Fleißiges Üben kann u. U. der Beschleunigung von Bewegungsabläufen und der Anpassung von Verhaltensweisen dienlich sein. Sofern das Kind aber dazu nicht aus sich selbst heraus bereit ist, wird es den Lerngegenstand weder begreifen noch verstehen können.
- Die Vorstellung, dass ein Kind später umso erfolgreicher lernen wird, je früher es an kindlichen Frühförderungsprogrammen teilnimmt, ist ein verhaltensbiologischer Trugschluss.

Nach der Lektüre der bisherigen Ausführungen, insbesondere des ersten Kapitels zur Welt- und Menschenbild und Anthropologie, lässt sich unschwer erkennen, dass diese aktuellen Erkenntnisse weitgehend mit der Montessori-Pädagogik vereinbar sind. Gleiches trifft auch auf die zentrale These des Freiburger Medizinprofessors und Psychotherapeuten Joachim Bauer zu. Nach dessen Auffassung liegt die Ursache der aktuell beklagten Schulmisere darin, dass »Lehrern und Schülern über weite Strecken nicht mehr gelingt, eine Unterrichtssituation herzustellen, die erfolgreiches Lehren und Lernen überhaupt erst ermöglicht« (Bauer 2007, S. 11f.).

Dass die Lehrkräfte ihrem Arbeitsplatz Schule im Alltag, genau wie die Schülerinnen und Schüler auch, lieber früher als später wieder den Rücken kehren, liegt seiner Meinung am Ausbleiben einer lernförderlicher Beziehungsgestaltung: »Alles schulische Lehren und Lernen ist eingebettet in ein interaktives und dialogisches Beziehungsgeschehen« (Bauer 2007, S. 14). In diesem Zusammenhang weist Bauer Lehrerinnen und Lehrern Verantwortlichkeiten zu, die im Wesentlichen der neuen Lehrerrolle nach Montessori entsprechen (vgl. Abschnitt 4.4, »Neue Erzieherinnen und Lehrkräfte«, Tabelle 7, S. 111).

In einem wesentlichen Punkt scheint sich der aktuelle Forschungsstand indes deutlich von den Überzeugungen Maria Montessoris abzugrenzen: »Selbst unter idealen Umweltbedingungen kann ein Kind nur entwickeln, was in ihm angelegt ist« (Largo 2009, S. 38). Wie der obigen Zusammenfassung entnommen werden kann, wird den Einfluss- und Fördermöglichkeiten von außen zwar auch heute noch eine große Bedeutung beigemessen. Maria Montessori schlussfolgerte jedoch aus ihren Studien, dass die Entwicklung des Menschen von *keinerlei* Vererbungsgesetzen, sondern *allein* von der Umwelt abhängig ist (vgl. Zitat S. 37). Diese resolute Einschätzung muss im Hinblick auf den aktuellen entwicklungs- und lernpsychologischen Forschungsstand zumindest kritisch und differenziert hinterfragt werden.

5.2 Montessori-Pädagogik im Spiegel der empirischen Forschung und Schulreform

Im Bereich der Montessori-Pädagogik und -didaktik liegt mittlerweile eine beachtliche Anzahl an zumeist kleineren Studien mit unterschiedlicher Schwerpunktsetzung vor, die der Freiarbeit in der »Vorbereiteten Umgebung« positive Effekte und Erfolge bescheinigen. Einen umfassenden Überblick zur Forschungslage bietet die »Montessori-Forschungsstelle am Institut für Erziehungswissenschaft der Universität Münster« (s. »Literaturempfehlungen und nützliche Adressen«, S. 134 f.). Im Folgenden werden einige Untersuchungen kurz vorgestellt:

So erbrachte zum Beispiel die schon ältere Niedersächsische Längsschnittstudie zur Freiarbeit von Reinhard Fischer, dass Grundschulklassen im Vergleich zu Montessori-Klassen insgesamt keine signifikanten Unterschiede in ihrem *Arbeits- und Sozialverhalten* aufweisen. Die detaillierte Auswertung der Daten brachte indes hervor, dass die Montessori-Schülerinnen und -Schüler ihre diesbezüglichen Leistungen während der gesamten Untersuchungszeit über konstant hielten, während sich bei den Kindern aus den Regelklassen ein weniger stabiles, d. h. inhomogenes Leistungsprofil offenbarte. Dieses Ergebnis deutet Fischer abschließend dahingehend, dass die leistungsstärkeren Schülerinnen und Schüler im herkömmlichen Unterricht besser zurechtkommen als die lernschwächeren Kinder. Letztere, so die weitere Folgerung, profitieren hingegen stärker von der Freiarbeit, weil bestehende Lernrückstände im individualisierten Lernkontext besser kompensiert werden können (Fischer 1982).

Im Rahmen der an der Integrativen Montessori-Grundschule Borken von Walburga Henry im Sachkundekontext durchgeführten Interviewstudie wurde zum einen festgestellt, dass die individuellen *Aneignungsprozesse* von Kindern in der »Vorbereiteten Umgebung« bzw. Freiarbeit entwicklungsfördernde Impulse erhalten. Darüber hinaus erbrachte die Studie allerdings auch, dass Kinder mit geringen Selbststeuerungsfähigkeiten in der Freiarbeit eher Misserfolge erleben als im lehrerzentrierten Unterricht (Henry 2001, S. 213).

In der von der koreanischen Erziehungswissenschaftlerin Sung-Hui Kim an Regelkindergärten und Montessori-Kinderhäusern durchgeführten Vergleichsuntersuchung bestätigte sich, dass die Vorschulkinder aus den Montessori-Einrichtungen unter förderlichen personellen und ausstattungsbezogenen Voraussetzungen in ihrer *Kreativitätsentwicklung* besser gefördert werden, als die Kinder, die eine Regeleinrichtung besuchten (Sung-Hui 2008).

In der von Esther Grindel durchgeführten Grundschulstudie zur *Hochbegabtenthematik* zeigte sich, dass die Montessori-Freiarbeit überwiegend positive Möglichkeiten für die Förderung hochbegabter Kinder bietet. Zum einen geht dieser Befund auf die im Freiarbeitskontext beobachteten »Akzelerations-Elemente« zurück, die besonders begabten Kindern ermöglichen, in einem ihnen angemessenen, d. h. schnelleren Tempo zu lernen. Zum anderen enthält die Montessori-Freiarbeit aber auch »Enrichment-Elemente«, das heißt sie bietet Kindern mit besonderen Begabungen zusätzliche und vertiefende Lernmöglichkeiten. Folglich kann die für hochbegabte Kinder in traditionellen Unterrichtsverfahren drohende Gefahr der Unterforderung mit ihren negativen Auswirkungen weitgehend vermieden werden. Allerdings legt die Studie auch nahe, dass die Ausschöpfung dieser Potenziale u. a. von der Gestaltungsqualität des Lernkontextes abhängt, d. h. davon, ob die verantwortliche Lehrkraft die Freiarbeit angemessen gestaltet und begleitet (Grindel 2007).

Unterschiedliche Studien aus dem Bereich der *Integrations- bzw. Inklusionsforschung* belegen, dass die Montessori-Pädagogik insbesondere auch Kindern mit körperlichen, seelischen oder geistigen Beeinträchtigungen zugutekommt. Dass selbst geistig behinderte Kinder im Rahmen der Freiarbeit sowohl hinsichtlich der gewählten Arbeitsschwerpunkte und Materialauswahl als auch bezüglich der kurz- und längerfristig ausgeführten Aktivitäten über einen individuellen Lernrhythmus verfügen, konnte Gottfried Biewer in seiner Studie mit Kindern im 3. bis 6. Schulbesuchsjahr anhand von Einzelbeobachtungen nachweisen (Biewer 1997).

Im Rahmen der an der Universität Koblenz-Landau im Jahr 2004 durchgeführten Grundschulstudie »VERA« (Vergleichsarbeiten an Grundschulen) ermittelte Wilhelm Suffenplan (2006) den Leistungsstand von Montessori-Grundschulen im Vergleich zu Regelschulen. Verglichen wurden die *Leistungen von Viertklässlern* in den Bereichen Mathematik (Arithmetik, Geometrie, Sachrechnen) und Deutsch (Lesen, Schreiben zu einem vorgegebenen Thema, Rechtschreiben und Sprachbetrachtung). Im Ergebnis erzielten die Montessori-Klassen vor allem in Mathematik, aber auch im sprachlichen Bereich bessere Leistungsergebnisse (Suffenplan 2006, S. 51).

Die in dem renommierten Wissenschaftsmagazin »Science« veröffentlichte *Vergleichsuntersuchung* der beiden amerikanischen Bildungsforscherinnen Angeline Lillard und Nicole Else-Quest stellt die bislang wohl am besten be- und anerkannte empirische Studie im Bereich der Montessori-Pädagogik dar. Untersucht wurden insgesamt 30 fünfjährige Kinder aus Montessori-Kinderhäusern und 29 zwölfjährige Schülerinnen und Schüler aus Montessori-Grundschulen in Milwaukee (Wisconsin). In der Vergleichsgruppe befanden sich ebenso viele Kinder. Da diese Kinder von ihren (vermutlich bildungsambitionierten) Eltern ebenfalls in der Montessori-Schule angemeldet wurden, verfügten sie bei Untersuchungsbeginn über die gleiche Ausgangslage wie die Kinder aus der Montessori-Gruppe. Allerdings kam es aus Kapazitätsgründen nicht zur gewünschten Einschulung, sodass diese Kinder eine Regelgrundschule besuchen mussten. Der interessante Fokus der Untersuchung richtete sich nun auf die Fragestellung, auf welche Weise sich die *weiteren Bildungsverläufe* der Kinder aus den beiden Gruppen gestalteten.

Zur Beginn der Studie verfügten alle einbezogenen Vorschulkinder über einen vergleichbaren Kenntnisstand. Messbare Unterschiede bestanden hingegen bei einfachen Lese- und Rechenübungen sowie im Sozialverhalten. In diesen Bereichen zeigten sich die Montessori-Kinder deutlich überlegen. Dieser Vorsprung konnte allerdings nicht durchgängig beibehalten werden.

Im Hinblick auf den in der Montessori-Pädagogik im Mathematikbereich besonders gut ausgebauten Materialbestand erstaunt, dass die Kinder aus beiden Untersuchungsgruppen zum Ende der Grundschulzeit über vergleichbare mathematische Leistungen verfügten – und die Montessori-Kinder im sprachlichen Bereich, vor allem im Aufsatzschreiben und Kommunikationsverhalten anspruchsvollere und kreativere Leistungen präsentierten. Darüber hinaus wurden den Montessori-Kindern insbesondere im Bereich der sozialen und emotionalen Kompetenz bessere Leistungen bescheinigt (Lillard/Else-Quest 2006). Die Interviewstudie von Liebwein, Barz und Randoll (2013) bestätigt der Montessori-Pädagogik vor allem Stärken in der Lernkultur. Danach gestaltet sich die Beziehung zwischen Lehrkräften und Lernenden vertrauensvoller und die eigenen Ideen und Gedanken der Schülerinnen und Schüler nehmen im Unterricht mehr Raum ein, als dies in der Regelschule der Fall ist.

In Ergänzung zu diesen spezifischen Befunden und Einschätzungen lassen sich einige vergleichende Studien bzw. zentrale Effekte aus dem allgemeinen Forschungskontext zum schülerorientierten Lernen benennen, die durchaus auch auf die Freiarbeit nach dem Montessori-Konzept übertragbar sind:

Dies gilt beispielsweise für die Untersuchung von Mechthild Gomolla und Olav Radtke, wonach die Ausgangslagen von Kindern und Jugendlichen mit Migrationshintergrund, als auch diejenigen von Schülerinnen und Schüler aus sozial schwachen Herkunftsfamilien durch die *Missachtung individueller Lernzugänge* eine Verschlechterung erfahren. Diesem Befund entsprechend wird die Institution Schule als eine von Lehrkräften konstruierte und dominierte Bildungseinrichtung eingestuft, die mit ihrem starren lehrerzentrierten Profil *diskriminierende Einflüsse* ausübt (Gomolla/Radtke 2009).

Dass leistungsschwache Schüler in Phasen lehrerzentrierter Arbeit weit unaufmerksamer sind als in Phasen freier Aktivitäten, bestätigten Matthias Laus und Gabriele Schöll in ihrer Grundlagenstudie zum *Aufmerksamkeitsverhalten* von Schülern in offenen und geschlossenen Unterrichtskontexten (Laus/Schöll 1995). Gemäß dieser Studie besteht das Defizit der leistungsschwachen Schüler in der Freiarbeit insbesondere darin, dass diese zu Beginn oder nach Abschluss einer Arbeitsphase länger brauchen, bevor sie sich wieder einer neuen Herausforderung zuwenden können.

Im gleichen Zusammenhang geht Falko Peschel (2006) davon aus, dass die eigene, d. h. *effektive Lernzeit* der Kinder in der Schule permanent missachtet wird. In der Folge kommen die konzentrationsschwachen Kinder in der lehrerzentrierten Arbeitszeit nicht dazu, sich auf irgendetwas zu konzentrieren, weil die Lehrkräfte ständig das Arbeitstempo festlegen. Allein das Zuhören, das Verfolgen der Äußerungen der Lehrerin oder des Lehrers, das immer zur Tafel schauen müssen erfordern offensichtlich zu viel Aufmerksamkeit. Dies führt zur Überforderung und dazu, dass das ohnehin konzentrationsschwache Kind letztlich überhaupt nicht mehr folgen kann.

Einen großen Nachteil des strengen Achtens darauf, dass die Kinder Lehrzeiten effektiv nutzen und nicht stören, sieht Peschel darin, dass die Kinder dabei auch lernen, wie man den Ablauf der »Maschinerie Unterricht« wirkungsvoll unterbrechen oder aufhalten kann. Erst wenn das Kind sich selbst überlassen und davon freigestellt wird, kontraproduktive Anforderungen zu erfüllen, so seine Beobachtung, kann es in seinem eigenen Lernrhythmus arbeiten und nachhaltige Lernerfolge erzielen (Peschel 2006, S. 816).

Auch wenn diese – zumeist dem Motiv »aus der Praxis für die Praxis« folgenden – reformorientierten Forschungsarbeiten großen Eindruck hinterlassen, darf nicht übersehen werden, dass sie zumeist auf kleinen Stichproben basieren, die nicht unbedingt verallgemeinerbar sind. Ferner darf nicht darüber hinweggesehen werden, dass die internationale empirische Unterrichtsforschung neben dieser reformorientierten Ausrichtung einen weiteren, vornehmlich an statistischen Verfahren und großen Fallzahlen orientierten Forschungszweig einschließt. In seinem einschlägigen Beitrag zur Unterrichtsforschung kommt Frank Lipowsky unter Berücksichtigung dieser Forschungslinie u. a. zu der folgenden Gesamteinschätzung:

> *»Über alle Studien hinweg ist ein Unterricht mit mehr Wahlfreiheiten für die Schüler damit nicht zwingend lernwirksamer als ein Unterricht, in dem die wesentlichen Entscheidungen von der Lehrperson getroffen werden. [...] Offenere Lernumgebungen sind offenbar vor allem dann lernwirksam, wenn die Lehrperson den Unterrichtsgegenstand strukturiert und die Lernenden kognitiv aktiviert, sodass es den Lernenden gelingt, neue Wissenselemente und Informationen mit bereits bestehenden zu verknüpfen und ihre vorhandenen Konzepte zu erweitern, umzustrukturieren und ggf. weiterzuentwickeln« (Lipowsky 2009, S. 74).*

Diese praxisrelevante Einschätzung stimmt auch mit der bisher größten, 50 000 Einzelstudien und 250 Millionen Schüler einbeziehenden Schulstudie aller Zeiten überein. Denn auch diese Metaanalyse des Neuseeländischen Bildungsforschers John Hattie kommt u. a. zu dem Schluss, dass es keinesfalls allein die Unterrichtsform ist, die über den Lernerfolg der Schülerinnen und Schüler entscheidet (Hattie 2009).

Unabhängig von der Unterrichtsform setzt zukunftsfähiges, nachhaltiges Lernen nach Hattie vielmehr insbesondere Struktur, passgenaue Leistungsanforderungen und die Fähigkeit der Lehrkraft voraus, das Lernen der Schülerinnen und Schüler anhand von fachlich fundierten Rückmeldungen zu unterstützen. Dass dieser Anspruch – über alle sach- und fachbezogenen Aspekte hinaus – nur dort wirkungsvoll eingelöst werden kann, wo es Lehrkräften gelingt, die Schülerperspektive einzunehmen, versteht sich von selbst:

> *»If the teacher's lens can be changed to seeing learning through the eyes of students, this would be an excellent beginning« (Hattie 2009, S. 252).*

Interessanterweise lässt sich kaum von der Hand weisen, dass dieses Forschungsresümee den grundlegenden Voraussetzungen entspricht, die auch das Lernen in einer Montessori-Einrichtung kennzeichnen:

- differenziertes, strukturiertes Förderbewusstsein bei den Erzieherinnen und Lehrkräften,
- Fokussierung und Wertschätzung des individuellen Lernvermögens und der kognitiven, sozialen und emotionalen Bildungsentwicklung von Kindern,
- anregende, konzeptadäquat aufeinander abgestimmte Arbeitsmaterialien, in denen differenzierte Strukturierungshilfen, unterschiedliche Schwierigkeitsniveaus und folglich auch individuelle Leistungsanforderungen grundständig enthalten sind,
- regelmäßige, verbindlich festgelegte Zeiten für das Freie Arbeiten und Lernen in einer strukturierten, durch Ordnungsprinzipien gekennzeichneten »Vorbreiteten Umgebung« (in der Regel bis zu zwei Zeitstunden pro Tag),
- Lernen nach dem regulären Bildungsplan,
- hinreichende Zeiträume für den herkömmlichen, lehrergelenkten Fach- bzw. Klassenunterricht (neben der freien Arbeit in der »Vorbereiteten Umgebung«).

Damit lässt sich im Zusammenhang der empirischen pädagogischen Forschung abschließend festhalten, dass die Montessori-Pädagogik offenkundig nicht im »entweder-oder-«, sondern im »sowohl-als-auch-Modus« agiert. Unter diesem Blickwinkel scheint der beharrliche, oben kurz umrissene Spannungsbogen zwischen schülerorientierten und lehrergelenkten Lehr-Lernverfahren zumindest für dieses spezifische Erziehungs- und Bildungskonzept am ehesten überholt und auflösbar zu sein.

Unabhängig hiervon lassen die aktuellen Reformbemühungen im Zusammenhang des gesellschaftlichen Wandels erkennen, dass der Anspruch einer stärkeren Fokussierung des individualisierten Lernens nicht nur für Bildungseinrichtungen mit Montessori-Profil oder für andere reformpädagogisch ausgerichtete Erziehungskonzepte, sondern für die Schulreform im Ganzen gilt.

Inklusion und Migration, die Reduktion des tradierten, drei Säulen umfassenden Bildungssystems auf ein Zweisäulen-Modell, das gemeinsame Lernen von Schülerinnen, Schülern und Lehrkräften aus unterschiedlichen sozialen Milieus (vgl. Schumacher 2000) in den für diese Belange neu etablierten Einrichtungen, wie zum Beispiel der Gemeinschaftsschule in Baden-Württemberg, lassen eine Polarisierung zwischen kind- bzw. schülerorientierten und lehrergelenkten Phasen überholt erscheinen.

Bereits zu einem Zeitpunkt, zu dem die nach dem »PISA-Schock« bis heute andauernde Bildungsreform ihren Aufschwung nahm, führte das in dritter Auflage erschienene Schulpädagogische Wörterbuch von Hintz u. a. unter dem Begriff »Bildung« aus:

> *»Wie auch immer der Bildungsbegriff im Einzelnen aufgefasst wird, er verweist stets auf die untrennbare Einheit von Unterricht und Erziehung [...]. Im Handeln des Menschen wird diese Einheit auf individuelle Weise immer wieder neu präsentiert und zugleich erneuert. Die bei jedem Menschen jeweils einmalige Einheit von Wissen und Haltung kann als charakteristisches Merkmal seiner (zeitpunkthaften) Bildung angesehen werden« (Hintz u. a. 2001, S. 44).*

Im gleichen Werk ist unter »Handlungsorientierung« zu lesen:

> *»Deshalb muss der Lehrer lernen, auf den ›inneren Lehrer des Schülers‹ (Augustinus) zu vertrauen, der den Schüler als Subjekt seines Lernens führt; er muss auch lernen, seine Hilfe nicht zu früh anzubieten oder aufzudrängen und den Schüler immer erst auf sich selbst und seine Fähigkeiten zu verweisen« (Hintz u. a. 2001, S. 140).*

Die aktuelle Bildungsreform stellt diese individuelle Perspektive unter Bezugnahme auf Helmke u. a. in den Kontext der Gemeinschaftlichkeit. In diesem Zusammenhang wird der 7-G-Unterricht, in dem »gleichaltrige Schülerinnen und Schüler zur gleichen Zeit bei der gleichen Lehrkraft mit dem gleichen Material im gleichen Raum mit den gleichen Methoden die gleichen Inhalte lernen und die gleichen Ziele gleich gut erreichen«, dem sogenannten 7-V-Unterricht gegenübergestellt. In diesem Unterricht sollen »verschiedene Schülerinnen zu verschiedenen Zeiten bei verschiedenen Menschen mit vielfältigen Materialien an vielfältigen Orten auf vielfältige Art und Weise vielfältige Inhalte lernen und gemeinsame und verschiedene Ziele erreichen« (Bernhart 2015).

Letztlich gewinnen im Kontext der Bildungsreform reformpädagogisch orientierte Konzepte, wie zum Beispiel die Montessori-Pädagogik, auch im Hinblick auf den nachweislichen Zusammenhang zwischen Gruppen- bzw. Klassenklima und individueller Befindlichkeit der Kinder auf der einen, und fachlicher Leistung auf der anderen Seite zunehmend an Bedeutung.

Damit fällt den Erzieherinnen, pädagogischen Fachkräften und Lehrkräften die Aufgabe zu, die ihnen zur Verfügung gestellten Gestaltungsspielräume verantwortlich zu nutzen.

6. Kritische Reflexion

Vermutlich gilt für die vorliegende Einführung das Gleiche, wie für jede Lektüre: Welche abschließende Einschätzung am Ende daraus folgt, entscheiden Leserin bzw. Leser – vor dem Hintergrund ihrer eigenen Vorerfahrungen und Einstellungen – selbst. Unabhängig hiervon legen sowohl die insgesamt noch unsichere Forschungslage als auch die Erfahrungen im Praxisfeld nahe, die kritische Perspektive grundsätzlich nicht aus dem Auge zu verlieren.

In diesem Sinne zielen die in der folgenden Tabelle zusammengefassten, von Lehramtsstudierenden, Lehrkräften, Erzieherinnen und pädagogischen Fachkräften im Rahmen von Einführungsveranstaltungen bzw. Workshops zur Montessori-Pädagogik gegensätzlich geäußerten Positionen darauf ab, zu einem lebendigen Austausch anzuregen.

Negative Äußerungen	Positive Äußerungen
In Zukunft wird unsere Gesellschaft noch stärker als heute von Wettbewerb geprägt sein. Ein »Schonraum« wie ihn die Montessori-Pädagogik/Freiarbeit bietet, vermag nicht darauf vorzubereiten!	*Um in unserer sich schnell wandelnden Lebenswelt überleben zu können, sind Kreativität, Selbstständigkeit und Eigenverantwortlichkeit gefragt – und genau darum geht es in der pädagogischen Arbeit nach dem Montessori-Konzept!*
In der Montessori-Pädagogik wird die Individualität der Kinder zu wichtig genommen. Dies birgt die Gefahr in sich, dass die Gemeinschaft auf der Strecke bleibt!	*Unsere demokratisch-freiheitliche Grundordnung verpflichtet dazu, die Individualität eines jeden Kindes anzuerkennen und diese bestmöglich zu fördern!*
Laut internationalen Studien sind die Leistungen deutscher Schüler unterdurchschnittlich. Das haben wir der Freiarbeit, wie sie auch in der Montessori-Pädagogik praktiziert wird, zu verdanken!	*Kreatives, innovatives Wissen ist der Rohstoff unserer Zukunft. Dass Montessori-Schulen diesem Anspruch entsprechen, belegen einige Vergleichsstudien!*
Auch die traditionelle Schule hat zu früheren Zeiten anständige, fleißige und gesellschaftsfähige Menschen hervorgebracht. Wenn sich die Schule heute auch wieder stärker auf die Wissensvermittlung konzentrieren würde, wären Montessori-Schulen überflüssig!	*Die Zeiten, Kinder und Anforderungen haben sich geändert. Seit ich nach Montessori arbeite, hat sich mein pädagogisches Verständnis grundlegend geändert. Durch die freien Arbeitsphasen entstehen echte Begegnungsräume, in denen ich viel mehr über die Kinder erfahre. Hierdurch vergrößert sich mein pädagogischer Einfluss!*
Die Freiarbeit in der Montessori-Didaktik sind Materialschlachten, die keine wirkungsvollen und nachhaltigen Bildungsimpulse erwarten lassen!	*Die Freiarbeit mit den Montessori-Materialien gibt den Kindern die Gelegenheit, sich aus eigenem Willen und losgelöst von Zeit- und Leistungsdruck auf eine Aufgabe einzulassen – dies sind die Momente, in denen nachhaltige Bildung stattfindet.*

Negative Äußerungen	Positive Äußerungen
Der Ganzheitsanspruch der Montessori-Pädagogik ist ideologieverdächtig!	*Die Montessori-Arbeit verbindet interdisziplinäre Theorie und Praxis. Sie bildet ein in sich geschlossenes, stringentes, die ganze kindliche Entwicklung umfassendes Bildungskonzept. Hierin liegt die Aktualität und Wirkungskraft der Montessori-Pädagogik und -Didaktik verborgen!*
Es gibt viele reformpädagogische Ansätze neben der Montessori-Pädagogik: Steiner, C. Freinet oder P. Petersen haben auch reformorientierte Konzepte entwickelt, auf die heute wieder stärker zurückgegriffen werden sollte. Es besteht also kein Anlass, die Montessori-Pädagogik »hochzujubeln«!	*Tatsächlich wäre fatal, die unterschiedlichen Konzepte gegeneinander auszuspielen. Ein besonderes Alleinstellungsmerkmal der Montessori-Pädagogik ist allerdings, dass deren »roter Faden« bis in die Praxis hineinreicht. Das vermittelt Sicherheit, erleichtert die Unterrichtsvorbereitungen und schafft pädagogische Freiräume.*
Montessori-Einrichtungen haben besonders privilegierte Rahmenbedingungen!	*Freiarbeit nach Montessori ist in jedem »normalen« Kindergarten und in jeder Regelschule realisierbar!*
Regeleinrichtungen können sich die teuren Materialien gar nicht leisten.	*Die Montessori-Materialien sind von didaktisch hoher Qualität, ästhetisch ansprechend und weitaus langlebiger als Schulbücher und Arbeitshefte – über die Jahre gesehen sind Montessori-Materialien sogar weniger kostenaufwändig!*
In den Regeleinrichtungen entscheidet die einzelne Lehrkraft, ob ein Kind individuell gefördert wird. Die zumeist privat organisierte Montessori-Pädagogik ist ein Privileg der Reichen!	*Es gibt auch »normale« Kindergärten und Schulen, die nach dem Montessori-Konzept arbeiten. Dies kommt den Kindern zugute, deren Eltern keine private Schule bezahlen können!*
In Montessori-Einrichtungen verhalten sich die Kinder auf unnatürlich ausgeprägte Weise diszipliniert, ihnen mangelt es offensichtlich an kindlicher Spontanität und Unbeschwertheit.	*Erfahrungsgemäß gibt es leider tatsächlich Einrichtungen, in denen die Montessori-Pädagogik dogmatischer ausgelegt wird, als von Maria Montessori selbst. Doch dies trifft nicht auf alle Kinderhäuser und Schulen zu.*
Dass die Montessori-Pädagogik den »guten Menschen« in der »guten Gesellschaft« voraussetzt, kommt einer sozialromantischen Heilslehre gleich. Es ist unverantwortlich, den Kindern ein derart unrealistisches Bild unserer Gesellschaft zu vermitteln!	*Die Montessori-Pädagogik vermittelt ein positiv-zuversichtliches Lebens- und Menschenbild. Dies ist das Mindeste, was Kinder von ihren (erwachsenen) Bezugspersonen, Erzieherinnen und Lehrkräften erwarten können sollten!*
Wäre die Montessori-Pädagogik tatsächlich so gut und wirkungsvoll wie behauptet, dann hätte sie sich doch längst durchgesetzt!	*Es war und ist (leider) nicht immer das Gute, das sich im Leben durchzusetzen vermag. Und dennoch bleibt es unsere Aufgabe, beharrlich an der Umsetzung des »Guten« zu arbeiten!*

Tab. 8: Gegensätzliche Positionen

Fazit

Bei aller wissenschaftlichen Sachlichkeit und allem Reformeifer bleibt festzuhalten, dass die empirische Forschungslage, ebenso wie die formalen Schulerlasse und Bildungspläne, nur bedingt zu einer tragfähigen persönlichen Bewertung des individuellen Lernens nach dem Montessori-Konzept beitragen können.

Denn letztlich bleibt für jeden die Verantwortung, die beim Lesen gewonnenen Eindrücke vor dem Hintergrund der eigenen, persönlichen Erziehungs- und Bildungsbiografie und unter Berücksichtigung des aktuellen pädagogischen Einsatzfeldes zu reflektieren.

Im Rahmen der vorangegangenen Ausführungen wurde mehrfach auf die vielfältigen pädagogischen und didaktischen Möglichkeiten der Montessori-Pädagogik hingewiesen. Dies zu Recht, denn die hierin liegenden Chancen für die Erziehungs- und Bildungsarbeit in Kinderhaus und Schule sind nicht von der Hand zu weisen. Auch dass hiervon nicht nur die Kinder, sondern ebenso die verantwortlichen Erzieherinnen und Lehrkräfte profitieren, lässt sich anhand zahlreicher positiver Erfahrungsberichte und Rückmeldungen aus der Praxis bestätigen. Insofern scheint das Ansinnen von Fthenakis, die wirksamen Effekte der Montessori-Pädagogik zu würdigen und weiterzuentwickeln, durchaus lohnenswert (Fthenakis 2013, S. 4 ff.).

Allerdings sollte nicht aus dem Blick geraten, dass auch die Montessori-Pädagogik keine *pädagogische Heilslehre* repräsentiert, die aus jedem Kind einen kleinen Einstein zu formen und alle pädagogischen und gesellschaftlichen Probleme zu lösen vermag.

Diese Tatsache fordert die in die Montessori-Arbeit eingebundenen professionellen Pädagoginnen und Pädagogen sowie alle verantwortlichen Eltern und Bezugspersonen dazu auf, die individuellen Bedürfnisse und Möglichkeiten der ihnen anvertrauten Kinder in den Blick zu nehmen bzw. sich diesen zu erhalten. Wie elementar wichtig dieses Anliegen für einen gelingenden Bildungs- und Erziehungsprozess ist, haben die in der Einleitung genannten Zielgruppen erkannt.

In besonderer Weise gilt dies für die rund achthundert (sozial)pädagogischen Fachkräfte sowie die Erzieherinnen, Erzieher und Lehrkräfte, die sich jedes Jahr dafür entscheiden, an einem Montessori-Lehrgang teilzunehmen.

7. Literaturverzeichnis

Anderlik, L. (2015): Montessori – Ein Weg zur Inklusion. Überlegungen aus der Praxis – für die Praxis. Dortmund: Verlag für modernes Lernen.

Bauer, J. (2007): Lob der Schule. Sieben Perspektiven für Schüler, Lehrer und Eltern. Hamburg: Hoffmann und Campe.

Bernhart, A. (2015): Lernstrategien in individualisierten Lernarrangements. In: Unterrichtspraxis. Beilage zu »Bildung und Wissenschaft« der Gewerkschaft Erziehung und Wissenschaft Baden-Württemberg, H. 4, S. 1–2.

Biewer, G. (1997): Montessori-Pädagogik mit geistig behinderten Schülern. Bad Heilbrunn: Klinkhardt.

Brügelmann, H. (2006): Schule verstehen und gestalten. München: Libelle.

Csíkszentmihályi, M. (2010): Flow – der Weg zum Glück. Der Entdecker des Flow-Prinzips erklärt seine Lebensphilosophie (Herder spektrum, Bd. 6067). Freiburg: Herder., S. 14-28.

Dunne, A. (2004): Zwei Kernstücke der Montessori Pädagogik: Die vier Entwicklungsstufen. In: Das Kind, H. 35, S. 62–78.

Fischer, R. (1982): Lernen im non-direktiven Unterricht. Eine Felduntersuchung am Beispiel der Montessori-Pädagogik. Frankfurt: Fischer.

Fthenakis, W. (2013): Didacta. Das Magazin für lebenslanges Lernen, Ausgabe 1, S. 42–48.

Gomolla, M. / Radtke, O. (2009): Institutionelle Diskriminierung: Die Herstellung ethnischer Differenz in der Schule (German Edition, Taschenbuch). Wiesbaden: VS Verlag für Sozialwissenschaften.

Grindel, E. (2007): Lernprozesse hochbegabter Kinder in der Freiarbeit der Montessori-Pädagogik – Eine empirische Analyse auf der Basis von Einzelfallstudien in Montessori-Grundschulen. In: Ludwig, H. (Hrsg.): Impulse der Reformpädagogik, Bd. 17. Berlin und Münster: LIT-Verlag.

Hartmann, E. / Meininger, W. (2016): Mathe begreifen mit Montessori: Das kleine Einmaleins. Weinheim: Beltz.

Hattie, J. A.C. (2009): Visible learning. London und New York: Routledge.

Hebenstreit, S. (1996): Maria Montessori. Eine Einführung in ihr Leben und Werk. Freiburg: Herder.

Hedderich, J. (2001): Einführung in die Montessori-Pädagogik: Theoretische Grundlagen und praktische Anwendung. München und Basel: Reinhardt-Verlag.

Heiland, H. (1991): Maria Montessori. Reinbek: Rowohlt.

Helmle, T. / Wöbcke-Helmle P. (2008): Kosmische Erziehung und sachkundliche Bildung. In: Ludwig, H. (Hrsg.): Montessori-Schulen und ihre Didaktik. Basiswissen Grundschule Band 15. Hohengehren: Schneider, S. 127–156.

Henry, W. (2001): Sachunterrichtliches Lernen in der Montessori-Pädagogik. In: Ludwig, H. (Hrsg.): Impulse der Reformpädagogik, Band 6. Münster: LIT-Verlag.

Hebenstreit, Sigurd (1999): Maria Montsessori. Freiburg: Herder.

Hintz, D. / Pöppel, K.G. / Rekus, J. (2001): Neues schulpädagogisches Wörterbuch. Weinheim und München: Juventa.

Holstiege H. (1997): Das psychobiologische Konzept sensibler Phasen. In: Zeitschrift für Montessori-Pädagogik, H. 3/4, S. 104–116.

Holtstiege, H. (2003): Erzieher, Leitung. In: Steenberg, U. (Hrsg.): Handlexikon zur Montessori-Pädagogik. Ulm: Kinders, S. 52–57.

Horn, H.-P. / Kemnitz, H. / Marotzki, W. / Sandfuchs, U. (Hrsg.) (2012): Klinkhardt Lexikon Erziehungswissenschaft (KLE). Bad-Heilbrunn: Klinkhardt.

Kegler, U. (2014): Wo sie wirklich lernen wollen: 7 Jahre Jugendschule Schlänitzsee. Weinheim: Beltz.

Key, E. (1900): Barnets århundrade. Deutsche Übersetzung (1902): Das Jahrhundert des Kindes. Berlin: Fischer.

Klein, G. (2003): Absorbierender Geist. In: Steenberg, U. (Hrsg.): Handlexikon zur Montessori-Pädagogik. Ulm: Kinders, S. 112–117.

Klein, G. (2012): Baumeister Kind? – Ja, aber in Freiheit. Impulse zu einem missdeutbaren Begriff. In: Zeitschrift für Montessori-Pädagogik 50, H. 1, S. 16–29.

Klein, G. (2013): Implizite Werteerziehung in der Montessori-Pädagogik. In: Zeitschrift für Montessori-Pädagogik der Montessori-Vereinigung e.V. Sitz Aachen. 51. Jg., H. 1/2, S. 11–30.

Klein, H. (2011): 10 nach 10: Montessori für Demenzkranke. Ein Buch für Angehörige, Freunde und Betreuer. Dörfles (Österreich): Verlag Renate Götz.

Klemm, U. (2003): Reformpädagogik. In: Steenberg, U. (Hrsg.): Handlexikon zur Montessori-Pädagogik. Ulm und Münster: Klemm + Oelschläger; Kinders, S. 219–226.

Kramer, R. (1997): Maria Montessori. Biografie. Ungekürzte Ausgabe. Frankfurt/Main: Fischer.

Krombolz H. (2005): Umschriebene Entwicklungsstörungen der motorischen Funktionen. In: Schlottke, P.F. / Silbereisen R.K. / Schneider, S. / Lauth, G. (Hrsg.): Enzyklopädie der Psychologie, Bd. 5: Störungen im Kindes- und Jugendalter. Grundlagen und Störungen im Entwicklungsverlauf. Göttingen: Hofgrefe, S. 545–574.

Largo, R. (1999): Kinderjahre. München: Piper.

Largo, R. / Beglinger, M. (2009): Schülerjahre. Wie Kinder besser lernen. München und Zürich: Piper.

Laus, M. / Schöll, G. (1995): Aufmerksamkeitsverhalten von Schülern in offenen und geschlossenen Unterrichskontexten. Berichte und Arbeiten aus dem Institut für Grundlagenforschung Nr. 78/1995 der Universität Erlangen-Nürnberg.

Liebwein, S./Barz, H./Randoll, D. (2013): Bildungserfahrungen an Montessori-Schulen. Wiesbaden: Springer VS.

Lillard, A ./ Else-Quest, N. (2006): Evaluating Montessori Education, in: SCIENCE Vol. 313, 29.09.2006, p.1893–1894.

Lindauer, E. / Schumacher, E. (2016): ALMONTE – Durchführung und Evaluation eines alternativen Weiterbildungskonzeptes in der Montessoripädagogik in Baden-Württemberg. In: Zeitschrift für Montessori-Pädagogik der Montessori-Vereinigung e.V. Sitz Aachen (zum Druck eingereicht).

Link, J. (2012): Reformpädagogik. In: Horn, H.-P. / Kemnitz, H. / Marotzki, W. / Sandfuchs, U. (Hrsg.): Klinkhardt Lexikon Erziehungswissenschaft (KLE). Bad-Heilbrunn: Klinkhardt.

Lipowsky, F. (2009): Unterricht. In: Wild, E. / Möller, J. (Hrsg.): Pädagogische Psychologie. Berlin: Springer, S. 73–102.

Ludwig, H. (Hrsg.) (2008): Montessori-Schulen und ihre Didaktik. Basiswissen Grundschule, Bd. 15. Hohengehren: Schneider.

Ludwig, H. (Hrsg.) (2013): Montessori. Gesammelte Werke. Durch das Kind zu einer neuen Welt. Freiburg: Herder, S. 60–68.

Meisterjahn-Knebel, G. / Eck, P. (2012): Montessori-Schulen – Entwicklung und Ausbreitung. In: Ullrich, H. / Strunck, S. (Hrsg.): Private Schulen in Deutschland – Entwicklungen-Profile-Kontroversen. Frankfurt: Springer, S. 81–83.

Montessori, M. (1909): Il metodo della pedagogia scientific. Cittá di Castello: Lapi.

Montessori, M. (1909/1916/1934/1935/1938/1946/1947/1948/1949). In: Oswald, P. / Schulz-Benesch, G. (Hrsg.) (2008): Grundgedanken der Montessori-Pädagogik. Quellentexte und Praxisberichte. Überarbeitet und aktualisiert von H. Ludwig. 21. Auflage. Freiburg: Herder.

Montessori, M. (1964): Kinder, die in der Kirche leben. Freiburg: Herder.

Montessori, M. (1987a): Kinder sind anders. München: dtv/ Klett-Cotta.

Montessori, M. (1987b): Die Schule des Kindes. Freiburg: Herder.
Montessori, M. (1988): Kosmische Erziehung. Freiburg: Herder.
Montessori, M. (1995): Gott und das Kind. Freiburg: Herder.
Montessori, M. (1996): Kosmische Erziehung. Freiburg: Herder.
Montessori, M. (1999): Die Einheit der Welt und das Kind. In: Das Kind, H. 26. Wiesbaden: Deutsche Montessori Gesellschaft.
Montessori, M. (2001): Die Entdeckung des Kindes. Freiburg: Herder.
Montessori, M. (2002): Das kreative Kind. 15. Auflage. Freiburg: Herder.
Montessori, M. (2009): Kinder sind anders. Stuttgart: Klett-Cotta.
Montessori-Dachverband (2015): www.montessori-deutschland.de/einrichtungen.html (Abruf 24.6.2015).
Montessori-Oberschule Potsdam (2015): www.potsdam-montessori.de/ueber-die-jugendschule.html (Abruf: 20.5.2015).
Müller, A. (2007): Kinder – innerer Friede – soziale Gemeinschaft. In: Köpcke-Duttler, A. / Müller, A. / Schuster, M. (Hrsg.): Maria Montessori und der Friede. Freiburg: Herder., S. 74–85.
Oswald, P. / Schulz-Benesch, G. (Hrsg.) (2008): Grundgedanken der Montessori-Pädagogik. Quellentexte und Praxisberichte, überarbeitet und aktualisiert von H. Ludwig. 21. Auflage. Freiburg: Herder.
Peschel, F. (2006): Offener Unterricht in der Evaluation Teil I und II. Baltmannsweiler: Schneider, Hohengehren.
Raapke, H. (2001): Montessori heute. Hamburg: rororo Taschenbuch.
Reble, A. (1995): Geschichte der Pädagogik. 18. Auflage. Stuttgart: Klett-Cotta.
Röhrs, H. (1998): Reformpädagogik und innere Bildungsreform. Weinheim: Deutscher Studienverlag.
Rogers, C. (1988): Die Kraft des Guten. Ein Appell zur Selbstverwirklichung. Frankfurt: Fischer.
Schäfer, C. (2006): Kleinkinder fördern mit Montessori. Freiburg: Herder.
Schaub, D. (2013): Kosmische Erziehung in der Montessori-Pädagogik. Die Entstehung des Konzepts der Kosmischen Erziehung – Die Geschichte des Universums und unserer Erde. Freiburg: Herder.
Schumacher, E. (2000): Soziale Ungleichheit an Grundschule – Lehrer/innen-Milieus. In: Tagungsband zur 7. Jahrestagung für Grundschulforschung. Bad Heilbrunn: Klinkhardt, S. 110–122.
Schumacher, E. (2007): 100 Jahre Montessori-Pädagogik: Biografische Voraussetzungen, pädagogisches Konzept und didaktische Reichweite. In: Stimmen der Zeit, Heft 9, 132 Jg. Freiburg: Herder, S. 593–605.
Spitzer, M. (2002): Lernen – Gehirnforschung und Schule des Lebens. Heidelberg und Berlin: Spektrum Akademischer Verlag.
Standing, E.M. (1970): Maria Montessori- Leben und Werk. Oberursel i. T.: Finken.
Steenberg, U. (2003) (Hrsg.): Handlexikon zur Montessori-Pädagogik. Ulm: Kinders.
Steenberg, U. (2012) (Hrsg.): Montessori-Pädagogik im Kindergarten. Profile für Kitas und Kindergärten. Freiburg: Herder.
Steenberg, U. (2014) (Hrsg.): Handlexikon Montessori-Pädagogik. Unter Mitarbeit von A. Holtz. Ulm: Klemm + Oelschläger.
Suffenplan, W. (2006): Die Lernstandsergebnisse von VERA 2004 bei Montessori-Schulen und -Zweigen Nordrhein-Westfalens, MONTESSORI. Zeitschrift für Montessori-Pädagogik, H. 1/2, S. 18–60.
Sung-Hui Kim (2008): Kreativitätsförderung und Montessori-Pädagogik. In: Ludwig, H. (Hrsg.): Impulse der Reformpädagogik, Band 21. Berlin und Münster: LIT-Verlag.
Tilmann, H. (2003): Mathematischer Geist. In: Steenberg, U. (Hrsg.): Handlexikon zur Montessori-Pädagogik. Ulm: Kinders, S. 118–122.

Literaturempfehlungen und nützliche Adressen

Primärliteratur

Montessori, M. (ab 1909): Die weltweit erste Zusammenschau aller Originalwerke sind unter Gesamtleitung von Harald Ludwig beim Herder-Verlag Freiburg veröffentlicht bzw. in Planung. Nähere Informationen: www.herder.de/extra/montessori (Zugriff: 24.6.2015).

Basis- und Nachschlagewerke

Oswald, P. / Schulz-Benesch (Hrsg.) (2008): Grundgedanken der Montessori-Pädagogik: Quellentexte und Praxisberichte. Von Harald Ludwig bearbeitete und aktualisierte 21. Auflage. Freiburg: Herder.

Steenberg, U. (Hrsg.) (2014): Handlexikon zur Montessori-Pädagogik. Neu gestaltete, überarbeitete und erweiterte Neuausgabe. Ulm: Klemm + Oelschläger.

Bereichsspezifische Werke

Klein, H. (2011): 10 nach 10: Montessori für Demenzkranke. Ein Buch für Angehörige, Freunde und Betreuer. Dörfles/Österreich: Renate Götz-Verlag.

Schaub, D. (2013): Kosmische Erziehung in der Montessori-Pädagogik. Die Entstehung des Konzepts der Kosmischen Erziehung – Die Geschichte des Universums und unserer Erde. Freiburg: Herder.

Steenberg, U. (2012): Montessori-Pädagogik im Kindergarten. Profile für Kitas und Kindergärten. Freiburg: Herder.

Ludwig, H. (Hrsg.) (2008): Montessori-Schulen und ihre Didaktik, Basiswissen Grundschule, Bd. 15. Hohengehren: Schneider.

Anderlik, L. (2015): Montessori – Ein Weg zur Inklusion. Überlegungen aus der Praxis – für die Praxis. Dortmund: Verlag für modernes Lernen.

Köpcke-Duttler, A. / Müller, A. / Schuster, M. (Hrsg.) (2007): Maria Montessori und der Friede. Freiburg: Herder.

Zeitschriften

Deutsche Montessori-Gesellschaft: DAS KIND – halbjährig erscheinende Zeitschrift für Montessori-Pädagogik Nähere Informationen: www.montessori-gesellschaft.de/zeitschrift_das_ kind.htm (Zugriff: 24.6.2015).

Deutsche Montessori-Vereinigung Aachen: ZEITSCHRIFT FÜR MONTESSORI-PÄDAGOGIK. Nähere Informationen: www.montessori-vereinigung.de/lit.html (Zugriff: 24.6.2015).

Adressen

Deutsche Montessori-Vereinigung e.V. (DMV) Geschäftsstelle, Xantener Straße 99, 50733 Köln: www.montessori-vereinigung.de (Zugriff: 24.6.2015).

Heilpädagogische Montessori Vereinigung e.V., Karl-Sauer-Str. 5, 76829 Landau: www.hpv-montessori.de (Zugriff: 24.6.2015).

Deutsche Montessori Gesellschaft e.V. (DMG), Butterblumenweg 5, 65201 Wiesbaden: www.montessori-deutschland.de (Zugriff: 24.6.2015).

Montessori-Landesverbände in Deutschland und internationale Vertretungen sowie weitere interessante Links unter: Montessori-Dachverband: www.montessori-deutschland.de/links (Zugriff: 24.6.2015).

Montessori-Forschungsstelle am Institut für Erziehungswissenschaft: www.montessorizentrum-muenster.de/forschung/ (Zugriff: 24.6.2015).

Montessori Berufsverband e. V., Schwingen 13, 95512 Neudrossenfeld: www.montessori-berufsverband.de (Zugriff: 24.6.2015).

Wurster, M. (Mitwirkende Autoren: Helmle, T. und Wöbke-Helmle, P.): Montessori-Download-Entwicklungsfonds – Skripte und Materialien zur Montessori-Pädagogik und zur »Kosmischen Erziehung«: www.montessori-download.de/ (Zugriff: 24.6.2015).

Kinderhaus: Alle Sinnes- und Dimensionsmaterialien auf einen Blick, Übungen des täglichen Lebens

Dimensionsmaterialien	Sinnesmaterialien	Übungen des täglichen Lebens (Vorschläge)
Rosa Turm	Farbtäfelchen (Sehsinn)	Blumen gießen
Braune Treppe	Kasten mit Stoffen	(Kräuter-)Garten pflegen
Rote Stangen	Tastbretter (rau-glatt)	Nüsse knacken
Einsatzzylinder (Dimensionsunterschiede)	Tastbrett (fein, feiner, am feinsten)	Schrauben eindrehen
Farbige Zylinder (Einsicht in Dimensionsunterschiede)	Tasttäfelchen (grob-fein)	Besteckschublade sortieren
Konstruktive Dreiecke (Zusammenstellen von geometrischen Figuren)	Gewichtstäfelchen (barischer Sinn)	Schrank aufräumen
Geometrische Kommode (Formen unterscheiden und benennen)	Wärmetäfelchen, Wärmekrüge (Temperaturunterschiede)	Regal abstauben
	Druckzylinder (Druckunterschiede)	Tisch abwischen
	Geschmacksgläser	Wollkordel drehen
	Geruchsgläser	Geschirr abspülen
	Geräuschdosen (Geräuschunterschiede, auditives Gedächtnis) Glockensatz (musikalisches Gehör und Gedächtnis)	Metallgegenstände putzen

Tab. 9: Kinderhaus-Materialien und Übungen, © Rosi Müller (Kinderhaus Mengen), 2015

Sprache: Alle Materialien und Übungen auf einen Blick

Schreiben	Lesen	Phonogramme	Wortarten	Satzanalyse
Spiele zum Hören Einsatzfiguren aus Metall Sandpapierbuchstaben Bewegliches Alphabet Tafeln/Kreide Papier/Stifte Hefte Schreibanlässe	*Phonologische Bewusstheit* - Spiele zum Hören - Sandpapierbuchstaben - Bewegliches Alphabet Erstes Lesen mit Gegenständen (Lesedosen) *Materialien für den individuellen Leselern-Prozess:* - Gegenstand – Wort - Bild – Wort - Synthesematerial - Kleine Sätze - Kleine Texte - Kleine Bücher - (Hinführung zum Buch) - Definitionen	Phonogramme aus Sandpapier Phonogrammdosen (Gegenstand – Wort) Buchstabenkästen (2 Farben) Phonogramm-Büchlein Phonogramm-Karten	*Überblick über die Wortarten:* - Wortartenmärchen - Wortartenrap - Bauernhof *Ablauf bei fast allen Wortarten (außer Nomen und Artikel):* - Vorbereitende Übungen (ohne Schreiben) - Einzellektion - Einführung des Symbols (ab Adj.) - Weiterführende Übungen mit vorbereitetem Material - Auftragskästen - Sprachkästen - Bestimmungsübungen	*Vorbereitende Übungen:* - Sprachspiele - Sterntabelle - Jagd nach dem Prädikat *Hauptübungen (mit der grünen Satzkiste):* - Erste Arbeit mit Pfeilen und Kreisen - Kleiner Satzzerlegungskasten und Satzzerlegungstabelle - Die drei Satzzerlegungskästen

Tab. 10: Alle Sprachmaterialien und Übungen auf einen Blick, © Wolfgang Dautel und Gabriele Binder (Montessori-Landesverband Baden-Württemberg), 2015

Mathematik: Alle Materialien und Übungen auf einen Blick

	Hierarchisches Material				
	Addition	**Subtraktion**	**Multiplikation**	**Division**	**Potenzen und Wurzeln**
	Goldenes Perlenmaterial und Kartensätze				
	Markenspiel				
Zahlenraum 1-10	Großer Rechenrahmen				Großes Wurzelbrett Leitquadrate Bauchladen Kubus Binomisch/Trinomisch Hoch 4, Hoch 5, Hoch 6 *Perlenregal* Multibase
Numerische Stangen Ziffernbrettchen dazu Sandpapierziffern Farbige Perlentreppen Spindelkästen Ziffern und Chips	Kleiner Rechenrahmen Punktspiel		Großes Multiplikationsbrett Liegender Rechenrahmen Bankspiel	Große Division	
Lineares Zählen	**Grundaufgaben**				**Bruchrechnen**
Seguintafeln I und II Hunderterbrett Hunderterkette Tausenderkette Kurze Perlenketten *Perlenregal* *Hierarchie der Zahlen*	**Addition und Subtraktion**		**Multiplikation und Division**		Bruchrechenkreise Dezimalbruchbrett Multiplikationsbrett für Brüche
	Schlangenspiel Addition Schlangenspiel Subtraktion Streifenbrett Addition Streifenbrett Subtraktion Aufgabenkasten Addition Aufgabenkasten Subtraktion Additionstabellen Subtraktionstabellen		Perlenstäbchen zur Multiplikation Kleines Multiplikationsbrett Kleines Divisionsbrett Pythagorasbrett Aufgabenkasten Multiplikation Aufgabenkasten Division Multiplikationstabellen Divisionstabellen		

Hinweis: Das kursiv gedruckte Material »Perlenregal« kann den Bereichen »Lineares Zählen« und »Potenzen und Wurzeln« zugeordnet werden.

Tab. 11: Alle Mathematik-Materialien und Übungen auf einen Blick, Hartmann/ Meininger 2016, S. 47)

Gesamtüberblick »Kosmische Erziehung« : Materialien, Didaktik, Methodik

Kosmische Erziehung (Kinderhaus-Alter)

Klassifizieren			Experimentieren Beobachten von Phänomenen	Naturerfahrung	Erzieherin als »Medium« der Sprache	Sozialerziehung
3-Stufen-Lektion	Arbeit mit Material	Schlüssel zur Welt				
• Sternbilder • Planeten • Wetterphänomene • Geographische Namen • Landschaftsformen • Tiere • Körperteile Tiere • Pflanzen • Pflanzenteile • Körper des Menschen • Jahreszeiten • Monate • Wochentage • Mineralien • Gesteine • ...	• Lebenskette • Menschen früher und heute • Bewohner der Erde • ...	• Sternbilder • Laich • Baustile, z. B. Römischer Bogen • Tierspuren • ...	• Wasser • Luft • Licht • Mechanik • Schwerkraft • Magnetismus • Strom • Stoffe und ihre Eigenschaften • Verbindung von Stoffen • ...	• Pflanzenpflege im Zimmer • Pflanzenpflege im Garten, z. B. - Beet nur für Kreuzblütler - Beet mit Pflanzen mit verschied. Blattnerven • Tierpflege im Zimmer, Fische • Tierpflege im Garten: z. B. Hasen, Schafe • ...	• Kurze Erzählungen • Mit wenigen, kurzen Sätzen • Z. B. über einen Vogel, der vor dem Fenster auf einem Ast sitzt (Name, Besonderheit) • »Farmer«-Erzählung • ...	• Übungen des täglichen Lebens: Höflichkeitsübungen • Erzieher als Vorbild, Modell • ...

Tab. 12: Kosmische Erziehung – Materialien, Didaktik, Methodik, 0 bis 6 Jahre; © Petra Wöbcke-Helmle und Thomas Helmle, 2001

Kosmische Erziehung – Fünf methodische Säulen (6-12 Jahre)

I. Erzählungen	II. Freie Arbeit mit Entwicklungsmaterialien		III. Natur-, Kultur-begegnungen	IV. Freie Arbeit mit Experimenten	V. Gestaltung der sozialen Umgebung/ Zeit für die Gruppe
• Große »panorama-artige Überblicke« • Kreislauferzählungen • Kleine Erzählungen: Einordnen der Detail-Erfahrungen in Zusammenhänge	Vom Ganzen zum Detail: Überblicksmaterialien	Vom Detail zum Ganzen: »Meditation am Detail« »Kleine Materialien« Funde aus Natur und Kultur	»Working out«: • Feld, Wiese, Wald, Garten, Steinbruch, Museum, usw. • Besuch bei Handwerkern, in Betrieben, im Theater, usw.	»Forschen«: • Vermuten, was passieren wird • Beobachten • Vermuten von Ursache und Wirkung • Dokumentieren	Soziale Atmosphäre: • Regeln einhalten oder verändern • Klassenrat • Vorstellen von Arbeiten • Konflikte austragen • Humor • Feste
»Philosophieren mit Kindern«	»Philosophieren mit Kindern«	»Philosophieren mit Kindern«	»Philosophieren mit Kindern«	»Philosophieren mit Kindern«	

Selbständiges thematisches Arbeiten

- Bücher
- Artikel
- CD-Rom
- Experten

- Recherche
- Dokumentation/Zeichnung
- Referat /Präsentation

Übernahme von Verantwortung – „Achtung“ als Grundhaltung

Tab. 13: Kosmische Erziehung – Materialien, Didaktik, Methodik, 6 bis 12 Jahre; © Petra Wöbcke-Helmle und Thomas Helmle, 2005

Register